I0148137

CATALOGUE ILLUSTRÉ

DU

MUSÉE NATIONAL

DES

ANTIQUITÉS ALGÉRIENNES

BIBLIOTHÈQUE NATIONALE · R F · IMPRIMÉS

ALGER

S. LÉON, Imprimeur-Éditeur, 15, Rue de Tanger

1899

8° L¹⁰ j 103

ÉDITION DE

MUSÉE NATIONAL

DES

ANTIQUITÉS ALGÉRIENNES

CATALOGUE

PAR

Georges MARYE	**Just WIERZEJSKI**
Conservateur-Administrateur	*Conservateur*
—	—
PÉRIODE MUSULMANE	**PÉRIODE ANTIQUE**

1899

CE MVSÉE CRÉÉ LE 5 DÉCEM. 1892
A ÉTÉ INAVGVRÉ LE 19 AVRIL 1897

MR FÉLIX FAVRE
PRÉSIDENT DE LA RÉPVBLIQVE

MR ALFRED RAMBAVD
MINISTRE DE L'INSTRVCTION PVBLIQVE

MR J. CAMBON
GOVVERNEVR GÉNÉRAL
DE L'ALGÉRIE

Le *Musée national des Antiquités algériennes*, établi depuis quelques années à Mustapha-Supérieur, n'est pas, à proprement parler, une fondation récente. Si l'idée qui en a décidé la création et par suite la méthode qui préside au développement des collections sont nouvelles, les objets qu'il renferme ont été, en partie, depuis longtemps exposés sous les yeux du public. Ils proviennent de deux établissements différents, aujourd'hui disparus, la *Bibliothèque-Musée* et *l'Exposition permanente*.

L'histoire de la *Bibliothèque-Musée* a été tracée par Berbrugger en tête de son *Livret explicatif*, et, plus récemment, par M. Doublet, au début de son catalogue illustré du Musée d'Alger. « La conquête de l'Algérie, écrivait Berbrugger, ouvrait simultanément au progrès de la civilisation et aux investigations de la science la partie la moins accessible jusqu'alors de ce continent d'Afrique, toujours si enveloppé de mystère. Vestiges de l'antiquité romaine ou des époques indigènes, produits pittoresques de l'art arabe, sol, plantes, animaux, tout attirait l'attention de nos compatriotes. Aussi la pensée de créer un établissement où les curiosités locales seraient recueillies et conservées vint-elle, pour ainsi dire, à tout le monde et presque dès le premier jour. » Il fallut pourtant attendre longtemps pour la voir se réaliser. Tout d'abord la résistance vint des pouvoirs publics. Le roi avait décidé à Paris la constitution d'un musée algérien destiné à prendre place au Louvre à côté du musée égyptien : les efforts des premiers gouverneurs tendirent naturellement à assurer l'exécution des volontés royales. Puis, lorsque, grâce à l'initiative de M. l'Intendant civil Bresson, on eut obtenu, en principe du moins, la création d'un musée à Alger même, on se heurta à

mille difficultés de détail. Il fallut toute la ténacité de Berbrugger pour les surmonter. Enfin en 1845, un premier local provi-
soire étant devenu tout à fait insuffisant, il obtint une dizaine
de chambres du palais de la Djénina; trois ans plus tard on
lui attribuait une belle maison mauresque donnant sur la mer,
sise rue des Lotophages ; enfin, en 1862, il pouvait installer
ses collections rue de l'État-Major dans un petit palais exquis,
qu'on a maintenant abandonné complètement à la Bibliothèque.

Tandis que cet établissement était plus spécialement affecté
aux documents scientifiques, archéologiques ou numismati-
ques, l'Exposition permanente des produits de l'Algérie devait,
d'après les intentions des organisateurs, offrir au public un
spectacle tout aussi instructif mais plus attrayant, plus accessible
à tous. On se proposait d'y réunir des armes; des trophées,
des souvenirs locaux, des produits de l'art et de l'industrie,
en un mot, toutes les curiosités particulières à l'Algérie, à
ses mœurs, à ses habitants. Le Musée relevait plutôt de
l'archéologie, l'Exposition de l'histoire et de la géographie.
La fondation en remonte à 1854. Elle fut d'abord confiée à
la surveillance du Général, Commandant en chef ; puis elle
passa sous l'autorité du Préfet du département. Mais en 1889,
sur un vœu du Conseil supérieur, l'Etat commit la faute
d'abandonner à la Ville d'Alger les collections qui lui appar-
tenaient, sans se réserver même le droit de contrôle ou d'ins-
pection. Le résultat ne se fit pas attendre. La municipalité
s'intéressa à l'œuvre tant que restèrent aux affaires ceux qui
avaient voté la mesure, puis, moins de dix ans après en avoir
pris la charge, en 1889, pour des raisons entièrement étran-
gères à la science, que je n'ai pas à rappeler ici, elle en décida
la suppression et mit en vente ce qui la composait. On en
tira une somme dérisoire : le fauteuil du dey d'Alger ne rap-
porta pas plus de 15 fr. ; une partie même ne trouva pas d'ac-
quéreur, fort heureusement.

Le Ministère de l'Instruction publique s'émut d'un tel état de choses. Il venait de fonder à Tunis un musée d'art et d'histoire, où, en quelques années, M. du Coudray la Blanchère avait trouvé moyen de réunir des collections d'un grand intérêt. Pourquoi n'aurait-on pas tenté à Alger la même entreprise ? Une entente s'établit entre le Ministre de l'Instruction publique et le Gouverneur général, M. J. Cambon. On commença par faire la reprise des objets d'art indigènes qui provenaient de l'Exposition permanente et n'avaient pas encore été aliénés ; pour les placer en lieu sûr, on fit choix d'un terrain, à Mustapha-Supérieur, en face du palais d'été du Gouverneur et on y aménagea un édifice spécial, devenu depuis lors trop restreint; si bien qu'en 1896 ou pouvait commencer à y porter les différents monuments de la rue de l'Etat-Major et les épaves de l'Exposition permanente.

Tel fut le noyau du Musée National des Antiquités algériennes. Quelques acquisitions heureuses, la bonne volonté de tous les pouvoirs, en particulier de l'autorité militaire qui abandonna la totalité des objets conservés dans les propriétés du Génie et la générosité de quelques particuliers, dont nous avons tenu à citer le nom en tête de ce catalogue, vinrent combler les lacunes et augmenter peu à peu les séries ouvertes.

L'inauguration solennelle eut lieu au printemps de l'année 1897.

Le présent livret indiquera au lecteur et au visiteur, mieux que je ne pourrais le faire, le contenu du Musée. Ils verront à côté de monuments de l'antiquité berbère, comme la stèle d'Abizar, des statues gréco-romaines comme la Vénus de Cherchel, des produits de l'art musulman ou de l'épigraphie hébraïque. Un tel mélange indique nettement la conception à laquelle répond l'établissement et la méthode que nous avons adoptée. C'est déjà, ce sera plus encore dans quelques années, un musée central d'histoire algérienne et même africaine.

On n'y a pas réuni, on n'y réunira pas des pièces quelconques, de celles qu'on accueille parce qu'elles sont mieux conservées, qu'il est plus facile de les acquérir, ou plus aisé de les transporter. Notre ambition est d'y représenter par des spécimens caractéristiques, choisis à dessein, toutes les périodes et tous les détails de l'existence du pays depuis ses origines les plus reculées jusqu'à nos jours. Peu nous importe même que les originaux nous échappent; à leur défaut, nous nous contentons de moulages, dont la valeur documentaire est la même ; le public en trouvera déjà quelques-uns dans les différentes salles.

En agissant ainsi nous pensons répondre aux besoins scientifiques de notre époque, sans rien sacrifier de l'intérêt qui s'attache à tout Musée. Notre désir est que les curieux rencontrent à Mustapha, autant qu'ailleurs, ce qui les attire surtout, matière à occuper agréablement leurs loisirs, à fixer utilement leur attention ; mais nous voulons que les érudits ou ceux qui aspirent à le devenir, puissent y trouver plus et mieux : un ensemble de documents scientifiques, digne de la ville d'Alger, centre de l'enseignement public africain.

R. CAGNAT

Membre de l'Institut.

BIENFAITEURS ET DONATEURS

DU

Musée National des Antiquités Algériennes

De 1892 à 1899

MM. AUSONE DE CHANCEL, Sous-Préfet de Blida.
COMTE BALISSON DE ROUGEMONT, Ingénieur
des Ponts et Chaussées.
BARON (Stanislas), à Paris.
BALLARD, Entrepreneur à Alger.
BÉLLE, Directeur du Port de Cherchel.
BELOUARD, à Alger.
BERBRUGGER, Conservateur de la biblioth. du Musée.
BEUVRARD, à Fouka.
BIGONNET, à Alger.
BLANCHET (Paul), Professeur au Lycée de Constantine.
BLONDEL, Directeur Général des Affaires civiles.
BONNEVIAILLE, à Alger.
BOTTACHI, Propriétaire du Splendid Hôtel à Mustapha.
BOULLANGER, à Alger.
BOUYER, Architecte à Alger.
BRESSON, Intendant civil.
BROSSELARD, Commissaire civil de Tlemcen.
BRUSQUI, à Alger.
BURTIN, à Alger.
DE BUSSY (Roland), Direct. de l'Imprim. du Gouver.
CALENDINI, Commissaire civil de Coléa.
CAMBON (Jules), Gouverneur Général.
CASASOL, à Alger.
DE CAZENEUVE, Contrôleur de la Garantie.
CHAMPANHET, Capitaine du Génie.
CHARMES (Xavier), Membre de l'Institut, Directeur au
Ministère de l'Instruction publique.
CHASTAIN, Commis à la Trésorerie.
CLAUZEL (Comte), Maréchal, Gouverneur Général.
COISPELLIEZ, Capitaine.

COLLOMBON aîné, à Alger.
COSTA, à Philippeville.
COSTALLAT, Commissaire civil de Douéra.
COURBASSIER, à Cherchel.
DAX (Comte Léon de), à Sétif.
DELAPORTE, Chef de bureau arabe.
DELAUNAY, Commissaire civil de Miliana.
DELORMEL, Secrétaire général du Conseil Supérieur.
DEMANGEAT, à Berrouaghia.
DEMONCHY, à Tipaza.
DERENDINGER, Général Commandant Supr du Génie
DESCOUS, Vice-Consul de Suède.
DESVOISINS, Commissaire civil de Cherchel.
DOMERGUE, Lieutenant colonel.
DOREZ (Alphonse) à Mustapha.
DOREZ (Emile), à Alger.
DOREZ (Ernest), à Alger.
DUPOTET, à Cherchel.
FAMIN, à Alger.
FENECH, Commissaire civil de Bougie.
FERAUD, Architecte diocésain.
FERAUDY, à Alger.
FEVRE, à Alger.
FLAMAND, Chargé de cours à l'Ecole des Sciences.
FOLEY (Mme Vve), à Cherchel.
FOUQUET, Docteur, au Caire.
GAUCKLER (Paul), Directeur des antiquités et des
    arts en Tunisie.
FRÈCHE, Chef de bataillon.
GÉRARD (Luc), à Cherchel.
GHISOLFI, à Sétif.
GODARD, Abbé Léon.
GUILMAIN, à Cherchel.
GUYOT (Comte), Directeur de l'Intérieur.
LAIR, Chef de télégraphie aérienne.
LAISANT, à Alger.
LANAUX, à Alger.
LANDMANN, curé de la Casba, à Alger.
LATOUR, à Alger.
LECOURT JARREL, à Alger.

LÉON, S., Editeur à Alger.
LICHTLIN, Directeur de la Banque.
LEMOINE, Maire de Blida.
LEVAILLANT, Colonel.
LODOYER, à Bouzaréa.
LONDE, à Aumale.
LOUSTEAU CASENAVE, à Cherchel.
MAIRIE D'ALGER.
MAJOREL, Préfet d'Oran.
MALLIN, Instituteur à Bou-Ismaïl.
MAUNELLE, Colonel.
MARCHAL, à El-Kalaa.
MARIGOT, à Alger.
MARYE, Conservateur administrateur du Musée.
MASSON (Etienne), Chargé de mission scientifique.
MATELAT, Juge à Alger.
MELET, Officier.
MERMET, Architecte diocésain.
MOUNIOT, à Tipaza.
MOREL Mme, à El-Biar.
MORIN, Maire d'El-Biar.
NEDJAR, Ali ben, à Alger.
NEVEU (de), Colonel d'Etat-Major.
NEVEU DEROTRIE, Ingénieur des Ponts-et-Chaussées.
NICOLET Edouard, à Mouzaïaville
NISARD, Lieutenant.
G. CAP, Entrepreneur du génie.
OTTEN, Commissaire civil de Cherchel.
PATÉ, Général.
PAUL, Préfet d'Alger.
PAVY Mgr, Evêque d'Alger.
PAYSANT, Trésorier payeur.
PÉLISSIER, Maréchal,
PÉLISSIER DE REYNAUD, Vice-Consul à Sousse.
PIARON DE MONDÉSIR, Ingénieur des Ponts-et-
    Chaussées.
PICON, à Alger.
PIGALLE, Conseiller de Gouvernement.
PONS (de) Chef d'escadron de Smala.
PONTIER, Docteur militaire.

PRÉFECTURE d'Alger.

PROVISEUR du Lycée d'Alger.

QUIROT, Secrétaire de la Compagnie P.-L.-M.

RABY DUVERNEY, à Alger.

RAOUL, Sous-Intendant militaire.

RANDON, Maréchal, Gouverneur général.

REBOUD, Docteur militaire.

RIETSCHEL, Docteur militaire.

ROCHES Léon, Consul général à Tunis.

ROMAIN Charles, à Baba–Ali.

ROUSSEAU, Alphonse, Premier Drogman au Consulat
   général de Tunis.

ROUSSEAU, à Tipaza.

ROUX, Directeur d'école française à Fouka.

ROUZÉ, Capitaine de.

SAAR, Administrateur de la comm. mixte de Gouraya.

SABATAULT, à Mitidja.

SAINT JOHN, Consul d'Angleterre.

SAINTE–MARIE (de), chargé de mission scientifique.

SARLIN, à Alger.

SARRUS, Inspecteur des bâtiments civils.

SERPOLET, Architecte à Alger.

SMAIA, Omar ben, à Alger.

TASSIN, à Alger.

THOMAS, Général.

TIREAU DE L'EYMARIÈRE, à Alger.

TIRMAN, Gouverneur général.

TRUMELET, Colonel.

URIOS Antoine, entrepreneur à Alger.

VACHEROT Louis, à Matifou.

VIGAT, à Fouka.

VIGNAUD, Notaire à Cherchel.

WAILLE, Professeur à l'Ecole des Lettres.

YOZET, à Fouka.

PREMIÈRE PARTIE

PÉRIODE ANTIQUE

PÉRIODE ANTIQUE

Série A

PIERRE, MARBRE, ETC.

SCULPTURE

1. IDOLE D'AMMON. — Calcaire. — Vieil Arzew.

2. BACCHUS, appuyé sur un thyrse et versant un canthare de la main droite. Panthère à droite. — Marbre. — El-Hadjeb. — *Don de M. F. Nicolet, 1855.*

3. BACCHUS. — Marbre. — Cherchel. — *Don de M. Waille, professeur à l'École des Lettres d'Alger.*

4. STATUE COLOSSALE DE NEPTUNE. Le dieu tenait un trident de la main gauche. La droite tient un hippocampe. Dauphin le long du tronc d'appui. Réplique d'un original attique du IVe siècle. — Marbre. — Cherchel.

5. VÉNUS. Réplique d'une imitation de la Vénus du Capitole. — Marbre. — Cherchel. — Trouvé en 1864, porté au Musée d'Alger en 1856.

6. HERMAPHRODITE ET FAUNISQUE. Réplique d'un original célèbre de l'époque hellénistique, dont le Musée de Cherchel possède un exemplaire et les fragments d'un troisième. — Marbre. — Cherchel.

7. BERGER OU SATYRE ENFANT. Réplique d'un original de l'époque hellénistique. — Marbre. — Cherchel. — *Don de M. V. Waille, Professeur à l'École des Lettres d'Alger.*

8. STATUE COLOSSALE DE FEMME. Vêtement des femmes athéniennes du Ve siècle. La tête est moulée sur celle de la statue semblable conservée au Musée de Cherchel. — Marbre. — Cherchel.

9. FEMME ROMAINE. La tête, très mutilée, est rapportée et probablement plus ancienne que le reste de l'œuvre. La coiffure est de l'époque d'Auguste. — Marbre. — Cherchel, 1856.

10. STATUE DE FEMME. A gauche, vestige de corne d'abondance. Marbre. — El-Biar.

11. STATUE DE FEMME. La main gauche retient une guirlande dans le pli de la robe. — Marbre. — Ben-Aknoun.

12. FEMME DRAPÉE. A gauche, sur le flanc, reste des griffes d'une peau de bête. Déesse Libera ou Muse. — Marbre. — Cherchel.

13. TÊTE D'APOLLON. La partie droite du nœud de cheveux est mutilée. — Marbre.

14. PETITE TÊTE. (Apollon? Vénus?). Marbre.

15. PETITE TÊTE. Dea Caelestis ou Isis. La tête était surmontée d'un *apex*. — Marbre.

16. HERMÈS. Masque du Bacchus barbu. — Calcaire. — Biar-Hadada.

17. HERMÈS. Bacchus barbu. — Marbre.

18. HERMÈS. Tête de femme très fruste. — Marbre.

19. TÊTE DE JUPITER SARAPIS. — Marbre. — Carthage.
    Envoi de P. de Sainte-Marie.

20. TÊTE MUTILÉE. (Muse ? Apollon ?). — Marbre. —
    Carthage. — *P. de Sainte-Marie.*

21. TÊTE DE LIBERA. — Marbre. — Alger.

22. TÊTE DE DIVINITÉ INFERNALE couronnée de chêne
    et coiffée du calathos. — Marbre. — Carthage. —
    P. de Sainte-Marie.

23. TÊTE DE SATYRE couronnée de pin. — Marbre. —
    Affreville.

24. TÊTE D'ATTYS ? Fragment de statue d'applique. —
    Marbre.

25. TÊTE DE BACCHANTE. — Marbre. — Ténès.

26. TÊTE DE FEMME. Coiffure à bandeaux, chignon bas.
    Couronne d'épis? — Marbre. — Alger.

27. TÊTE couronnée de pampre. Portrait de poète ? —
    Marbre. — Cherchel.

28. TÊTE. Esculape ? — Pierre. — Carthage. — *P. de
    Sainte-Marie.*

29. TÊTE COLOSSALE. Auguste jeune? — Marbre. —
    Cherchel.

30. TÊTE LAURÉE de l'empereur Hadrien. — Marbre. —
    Carthage. — *P. de Sainte-Marie.*

31. TÊTE D'EMPEREUR. (Vérus?). — Marbre. — Gouraya.
    — *Envoi de M. P. Gauckler.*

32. TÊTE DE FEMME. Coiffure de la première moitié du
    IIe siècle après J.-C. — Marbre. — Carthage.
    — *Don de M. A. Rousseau.*

33. TÊTE DE FEMME. Bandeaux ondulés. — Marbre.

34. TÊTE. Portrait de vieillard? — Marbre. — Cherchel.

35. TÊTE. Portrait. IIIe siècle. — Pierre.

36. TÊTE COLOSSALE à cheveux frisés. Visage mutilé. Marbre. — Carthage. — *P. de Sainte-Marie.*

37. TÊTE COLOSSALE mutilée. — Marbre gris. — Carthage.

38. TÊTE très mutilée et de travail médiocre. — Marbre.

39. TÊTE très mutilée, boucles tombant le long du col. — Marbre.

40. TÊTE à cheveux crépus. — Marbre. — Carthage. — *Don de M. A. Rousseau.*

41. FRAGMENT DE TORSE. Amazone? — Marbre.

42. FRAGMENT. Enfant nu tenant sur l'épaule une urne penchée. Réplique d'un original célèbre. — Marbre. — Carthage. — *Don de M. Alph. Rousseau.*

43. TORSE. Mercure. — Marbre. — Carthage. — *P. de Sainte-Marie.*

44. TORSE NU. — Marbre. — Carthage.

45. FRAGMENT. Torse de personnage ithyphallique (Silène?). — Marbre. — Carthage.

46. TORSE et haut des jambes d'un enfant nu tenant un oiseau. — Marbre. — Carthage. — *P. de Sainte-Marie.*

47. FRAGMENT. Torse d'adolescent portant la *bulla.* — Marbre. — Rusguniae (Matifou).

48. TORSE DRAPÉ. — Marbre. — Carthage?.

49. FRAGMENT de statuette d'enfant. — Marbre. — Carthage. — *P. de Sainte-Marie.*

50. FRAGMENT de statuette. Torse de satyre dansant, — Marbre. — Cherchel.

51. FRAGMENT de petite statue. Amour assis sur un rocher. A dû faire partie de la décoration d'une fontaine. — Marbre. — Ténès.

52. DEUX FRAGMENTS d'une statue de femme. Sur le pied du siège, reste d'une figure grotesque. — Marbre. — Guelma. — *Porté par M. Berbrugger (1837).*

53. FRAGMENT d'une statue. Dame romaine. Pieds chaussés de sandales et fond d'une longue robe. — Marbre. — Alger. — Trouvé en 1844.

54. BAS DE STATUE de femme drapée. — Marbre — Carthage.

55. BAS DE STATUE drapée. — Marbre.

56. FRAGMENT de statue colossale. Bas du col destiné à être encastré. — Marbre. — Carthage. — *P. de Sainte-Marie.*

57. FRAGMENT. Bas des cheveux et naissance du cou. — Marbre.

58. FRAGMENT de corps drapé. — Marbre.

59. FRAGMENT de statuette. Corps drapé. — Marbre.

60. FRAGMENT de statue. Avant-bras et main appuyée sur une poignée de glaive. — Marbre. — Carthage. — *P. de Sainte-Marie.*

61. MAIN COLOSSALE tenant une branche. — Marbre — Carthage. — *P. de Sainte-Marie.*

62. MAIN DROITE mutilée s'appuyant sur un tronc. — Marbre. — Carthage. — *P. de Sainte-Marie.*

63. PIED GAUCHE de statue. — Marbre.

64. FRAGMENT de statue. Cheville et cou-de-pied. — Marbre. — Carthage ?

65. PETIT PIED chaussé d'une sandale. — Marbre. —
Carthage. — *P. de Sainte-Marie.*

66. PIED DE TRÔNE. Au-dessus, fragment d'un pied
mutilé. Consécration à Sarapis Neptune. —
Marbre. — Carthage. — *P. de Sainte-Marie.*

67. PIED DROIT de statue colossale. — Marbre. — Carthage. — *P. de Sainte-Marie.*

68. FRAGMENT de statue. Jambe gauche. — Marbre.
— Carthage.

69. FRAGMENT. — Jambe. — Marbre.

70. FRAGMENT d'un buste de Manéthon. — Marbre.
— Carthage. — *P. de Sainte-Marie.*

71. FRAGMENT de petit buste avec amorce ou piédouche. — Marbre.

72. TÊTE d'animal fantastique. — Marbre.

73. MASSUE surmontée d'une tête de lion ou d'un
masque fantastique. — Marbre. — Cherchel.

74. FRAGMENT de draperie. — Marbre.

75. SARCOPHAGE d'enfant, époque païenne. La face
antérieure et chacune des faces latérales contiennent des représentations diverses de l'enfant.
— Marbre. — Sousse (Hadrumède). — *Don de
M. Pellissier de Reynaud, Vice-Consul de France
à Sousse.*

76. FRAGMENT de bas-relief, probablement d'un sarcophage : bélier descendant d'un rocher, personnage mutilé, et derrière lui, haut d'une cabane
de berger. — Marbre — Ténès.

77. FRAGMENT d'un bas-relief des Muses. Bas d'un corps
de femme, probablement Melpomène. La sphère
posée à terre appartenait sans doute au per-

sonnage d'Uranie, que représentait la figure
suivante. — Marbre. — Carthage.

78. FRAGMENT d'un bas-relief de sarcophage. Homme
soutenant une femme qui tombe. Scène de la
mort des Niobides ou Achille et Penthésilée ? —
Marbre. — Carthage. — *P. de Sainte-Marie.*

79. BAS-RELIEF. Fragment du même sarcophage que le
précédent Torse de femme mourante. Amazone
ou Niobide ? — Marbre. — Carthage. — *P. de
Sainte-Marie.*

80. FRAGMENT de bas-relief. Esculape. — Marbre. —
Cherchel.

81. FRAGMENT de bas-relief. Front et chevelure.
Apollon? — Calcaire. — Carthage. — *P. de Sainte-
Marie.*

82. FRAGMENT de bas-relief. Sarcophage ? Adonis ? —
Marbre.

83. FRAGMENT d'un bas-relief de sarcophage. Homme
vêtu d'une tunique, tombant et retenu par le
bras d'un autre personnage mutilé. — Marbre.

84. BAS-RELIEF, fragment ayant fait partie d'un sou-
bassement, peut-être d'un autel, et représentant
trois statues : à gauche, Vénus Genitrix ayant à
côté d'elle un Amour qui tient un glaive, Mars
Ultor au milieu; à droite, Jules César. Ces trois
statues sont, selon M. S. Gsell, des copies de
celles qu'on voyait dans le temple de Mars Ultor
à Rome. — Carthage (La Malga).

85. FRAGMENT de bas-relief. Corps drapé. — Marbre.

86. TORSE DE FEMME (Cérès ?). Fragment de bas-relief.
La main gauche tenait des épis. — Marbre. —
Carthage. — *P. Sainte-Marie.*

87. FRAGMENT de bas-relief. Femme couchée et trois personnages. — Calcaire.

88. FRAGMENT de bas relief. Personnages portant l'un une couronne et une coupe, l'autre un canthare, le troisième une amphore. — Calcaire. — Oubek-kar (Kabylie).

89. FRAGMENT de bas-relief. Jambe repliée. — Marbre. -- Carthage. — *P. de Sainte-Marie.*

90. FRAGMENT de bas-relief. Petite main appuyée sur un objet cylindrique. — Marbre.

91. FRAGMENT de bas-relief. Jambe d'enfant. Morceau de nébride à côté. Satyrisque? — Marbre.

92. FRAGMENT de base triangulaire d'un *thymiaterion*. Silène, Satyre et Bacchante en relief. — Marbre. — Carthage. — *P. de Sainte-Marie*

93. FRAGMENT de bas-relief. Casque. — Marbre. — Carthage. — *P. de Sainte-Marie.*

94. FRAGMENT de corne d'abondance. — Calcaire. — Carthage. — *P. de Sainte-Marie.*

95. BAS-RELIEF. Fragment de corne d'abondance. — Marbre. — Carthage. -- *P. de Sainte-Marie.*

96. FRAGMENT de bas-relief. Fleur. — Marbre. — Carthage.

97. BAS-RELIEF Tête de monstre sur fond de vagues. — Marbre. — Carthage. — *P. de Sainte-Marie.*

98. FRAGMENT de masque comique. — Marbre. — Carthage.

99. PATTE D'ANIMAL. — Marbre.

100. SARCOPHAGE orné de strigiles. — Marbre. — Cherchel. — *Don de la Préfecture d'Alger.*

101. PLAQUE GRAVÉE au trait avec inscription en partie fruste. Rentrée triomphale d'un empereur romain sur le pont Mulvius (commencement du IIIe siècle). — Marbre. — Cherchel.

102. BAS-RELIEF portant deux animaux, un taureau et une ânesse. Inscription, peut-être satyrique, de lecture incertaine. — Grès. — El-Achour.

103. SARCOPHAGE CHRÉTIEN. A gauche, Daniel tuant le serpent des Babyloniens; le miracle de Cana; la guérison de l'hémorrhoïsse. Dans la niche centrale, Jésus enseignant. A droite, prédiction du reniement de Saint-Pierre ; guérison d'un aveugle ; multiplication des pains. Le Christ est partout représenté imberbe. — IVe Siècle. — Marbre. — Dellys.

104 BAS-RELIEF. Face latérale de sarcophage. Moïse frappant le rocher. — Marbre. — Dellys.

105. BAS-RELIEF. Face latérale d'un sarcophage. Daniel entre les lions. — Marbre. — Dellys.

106. FRAGMENT de bas-relief. Sarcophage des quatre saisons. Il ne reste que le Printemps à côté du Bon Pasteur. — Marbre. — Carthage.

107. FRAGMENTS d'un dais d'autel ou de fonds baptismaux. Daniel dans la fosse aux lions. — Calcaire. — Sillègue.

108. CLEF D'ARCEAU. Couronne contenant le monogramme du Christ flanquée de deux colombes. — Calcaire. — Oued-Rouïna.

109. SARCOPHAGE chrétien. Monogramme du Christ. — Grès.

110. PLAQUE GRAVÉE au trait. Fragment de monument funéraire d'époque chrétienne. Arbre portant un oiseau ; au pied, un oiseau becquetant un fruit ou une fleur ; à gauche une ancre renversée. — Marbre. — Cherchel.

111. STÈLE libyque d'art indigène, représentant un guerrier, peut-être une chasse. — Grès. — Abizar (Grande Kabylie).

112. STÈLE. Fronton à croissant. Inscription libyque. — Calcaire.

113. STÈLE Emblèmes de tradition punique. Symbole phénicien de la divinité dite *Tanit*, accosté de deux dauphins. — Calcaire. — Carthage. — *Don de M. A. Rousseau, 1845.*

114. STÈLE punique. Personnage tenant de la main gauche une offrande, la main droite levée à la hauteur de l'épaule, ouverte et la paume en dehors. — Calcaire. — Carthage.

115. STÈLE punique. Personnage faisant de la main droite le geste d'oraison. — Calcaire. — Carthage.

116. FRAGMENT DE STÈLE punique. Personnage faisant le geste d'oraison. — Calcaire. — Carthage.

117. STÈLE. Culte punique. Au-dessus de la niche, symbole de la divinité. Personnage d'adorant. — Calcaire. — Carthage.

118. FRAGMENT DE STÈLE. Inscription punique. — Symbole de la divinité. — Calcaire. — Carthage. — *Don de M. A. Rousseau.*

119. BAS DE STÈLE. Inscription punique. Au-dessous, symbole de la divinité — Calcaire. — Carthage.

120. STÈLE punique. Personnage dans l'attitude d'adorant. Croissant. — Calcaire. — Le Kef.

121. STÈLE punique. Croissant et grenade. — Symbole de la divinité. Dans le tableau, porte fermée. — Dellys.

122. STÈLE punique. Personnage tenant un caducée. A gauche, symbole de la divinité ; au-dessus,

cartouche. Traces d'inscription néo-punique. — Calcaire. — Viel Arzew.

123. STÈLE. Culte punique. Personnage. Croissant surmonté de deux disques dans le fronton. Inscriptions néo-punique très effacée. — Calcaire. — Viel Arzew.

124. STÈLE. Culte punique. Personnage les bras levés, croissant au-dessus. Inscription neo-punique. — Calcaire. — Vieil Arzew.

125. STÈLE. Personnage accosté de deux palmes. Croissant et disque radié. Inscription néo-punique. — Calcaire. — Vieil Arzew.

126. STÈLE. Culte punique. Représentation d'une divinité phénicienne (pour les Latins *Dea Caelestis*), appuyée sur deux colonnes. Croissant et disque. — Calcaire. — Vieil Arzew.

127. FRAGMENT DE STÈLE. Bas du corps d'un personnage tenant une couronne. - Calcaire. — Vieil Arzew. — *Don de la Préfecture.*

128. STÈLE. Culte punique Personnage portant une fiole à parfums. Croissant renversé, rosace à six rayons accostée d'un caducée et du symbole de la divinité. — Calcaire. — Alger.

129. STÈLE. Culte de Saturne assimilé à Baal Hammon. Personnage tenant une grappe de raisin et une pomme de pin. — Calcaire. — Guelma.

130. STÈLE. Personnage tenant de la main droite une grappe ; de la gauche, ramenée sur la poitrine, un objet indistinct. — Calcaire. — Guelma.

131. STÈLE. Personnage tenant une grappe. — Calcaire. — Guelma.

132. STÈLE. Personnage tenant un objet indistinct. — Calcaire. — Guelma.

133. STÈLE. Personnage très fruste tenant un objet indistinct. — Calcaire. — Guelma.

134. FRAGMENT de stèle. Personnage en tunique à manches, brisé à mi-corps. La main gauche tient un objet indistinct. — Marbre rosé. — Guelma.

Les 13 Stèles suivantes (135 - 147), provenant de Taksept, ont été envoyées au Musée par M. J. Cambon, Gouverneur Général d'Algérie :

135. STÈLE. Fronton bordé de moulures doublées d'un cordon de perles. Rosace dans le fronton et à la partie supérieure des montants de la niche. Deux personnages grossièrement gravés : l'un tient de la main gauche une grappe, et de la droite la main d'un enfant qui presse une pomme de pin sur sa poitrine. — Grès.

136. STÈLE. Dans le fronton, pomme de pin. Personnage coiffé d'un bandeau large dont les deux bouts retombent derrière les oreilles, vêtu d'une robe relevée sur l'épaule gauche, tenant de la main droite un long rouleau, de la gauche ramenée sur la poitrine, un objet indistinct.

137. STÈLE. sous un cintre formé par trois moulures terminées par deux rosaces surmontées d'acrotères, trois personnages. Un soldat en tunique, portant baudrier et bouclier rond, tient de la main droite un enfant, sur la poitrine duquel est étendu la main du troisième personnage tenant une couronne en forme de cœur.

138. STÈLE. Fronton nu. Deux personnages grossièrement figurés.

139. STÈLE. Niche bordée d'un cordon d'oves et de perles. Personnage couvert d'un vêtement droit, dont le *sinus* tombe jusqu'en haut des cuisses. Guirlande

transversale oblique dont la main gauche allongée
tient le bout relevé.

140. STÈLE. Le bas est brisé. Niche surmontée d'un
fronton triangulaire vide. Deux personnages de
même taille et de même costume.

141. STÈLE. Le haut et le bas sont mutilés. Niche à
cintre formée de trois moulures en forme de
croissants renversés dont les pointes aboutissent
à deux rosaces. Dans la niche, femme et deux
enfants.

142. STÈLE. Fronton vide. Dans la niche, personnage dont
la main droite s'appuie sur un autel. La gauche,
ramenée sur la poitrine, tient un objet indistinct
et serre un rouleau contre le corps. A droite,
rouleau ou colonnette.

143. STÈLE. Dans le fronton, deux moulures en forme
de croissant renversé aboutissant à deux têtes
de lions. Au-dessus des moulures, deux rosaces.
Dans la niche, personnage grossièrement figuré
tenant une grappe.

144. STÈLE à fronton et acrotère. Dans celui de droite,
rosace à deux moulures; dans celui de gauche,
rosace à une seule moulure. Dans la niche, personnage tenant de la main gauche une grappe,
de la droite une étoffe retombant en deux plis
parallèles à ceux de la robe.

145. STÈLE. Fronton vide. Dans une niche carrée, deux
personnages se donnant la main. De la main libre
l'un tient une grappe, l'autre un gâteau.

146. STÈLE. Fronton triangulaire avec croissant accosté
de deux rosaces. Dans la niche, personnage
barbu, tenant de la main gauche le coffret à en-

cens, la droite étendue au-dessus d'un autel d'où monte la flamme.

147. FRAGMENT DE STÈLE. Deux personnages.

148. STÈLE. Personnage vêtu d'une longue tunique et d'une toge relevée et retenue par une ceinture. — Calcaire.

149. FRAGMENT DE STÈLE. Haut du corps d'un personnage tenant une lance, et représentant peut-être le roi Masinissa déifié. — Grès. — Abizar (Grande Kabylie) ? — *Don du Maréchal Pélissier.*

150. STÈLE. Personnage appuyé sur une lance et tenant de la main droite une grappe. — Calcaire. — Sidi-Iacoub (St-Eugène). — *Trouvé en 1845.*

151. STÈLE de Modius Secundus Latas. Dans le fronton et dans la niche centrale, croissant accosté de deux haches, pomme de pin, etc., emblèmes du culte punique; travail d'époque romaine. — Calcaire. — Azeffoun. — *Don du Maréchal Pélissier.*

152. STÈLE. Fronton à deux croissants. Dans le tableau du milieu, inscription portant un nom de lecture douteuse. Au-dessous, personnage. — Grès. — Djenan Abd-er-Rahman, région de Souk-Ahras.

153. STÈLE. Dans le fronton, cavaliers. Au-dessous, épitaphe mutilée d'un chef indigène. Dans le tableau inférieur, personnage couché, serviteur à la tête du lit. A la droite, figure de femme tenant un vase. Scène classique de banquet funèbre. — Calcaire. — Tala-Isli (Haussonvilliers). — *Don du Général Paté.*

154. STÈLE FUNÉRAIRE. Dans le fronton, aigle éployé tenant un foudre. Au-dessous, cavalier. Au tableau inférieur, quatre hommes s'éloignant d'un lit où est couché un personnage ; sur sa poitrine s'appuie un enfant. Au pied du lit, serviteur portant un vase. A droite, trois figures. Epitaphe d'un chef indigène. — Calcaire. — Diar-Mami (Kabylie). — *Don de M. Raoul.*

155. FRAGMENT DE STÈLE (analogue aux deux nos précédents). — Cavalier. — Calcaire.

156. FRAGMENT DE STÈLE. Personnages peu distincts dans un triangle formé par le cadre et la ligne du fronton. — Calcaire.

157. FRAGMENT DE STÈLE. Dans le haut d'une niche, deux têtes. — De l'autre côté du cintre, étoiles ou fleurs en creux. — Calcaire.

158. STÈLE. Soldat tenant un cheval par la bride. Enfant. Epitaphe d'un « *duplicarius* » (soldat à double solde) mort au mont Zelel. — Calcaire. — Tipasa.

159. STÈLE FUNÉRAIRE d'Ulpius Tertius. Cavalier lancé, manteau flottant, le *contus* (sorte de lance) en arrêt. — Calcaire. — Tipasa.

160. STÈLE. Rosace et croissant dans une couronne. Cavalier armé de la lance. Epitaphe de Q. Vilanius Nepos. — Calcaire. — Carthage. — *Don de M. A. Rousseau.*

161. STÈLE de *Licaus*, cavalier Dalmate. Fronton triangulaire à croissant. Au-dessous de l'inscription, cavalier lancé armé de la lance et perçant un barbare terrassé. — Marbre. — Cherchel.

162. STÈLE. Cavalier en tunique, la main gauche étendue. Cheval à queue traînante. — Calcaire. — Bab-el-Oued.

163. STÈLE VOTIVE d'Africanus Lanio. Fronton à croissant flanqué de deux étoiles. Niche brisée. —
Marbre. — Cherchel.

164. STÈLE VOTIVE de Julia. Femme tenant un oiseau
par les ailes. — Marbre. — Cherchel.

165. EX-VOTO d'Ingenuus Sutor à Saturne. Personnage
martelé. — Marbre. — Cherchel.

166. STÈLE VOTIVE de Secundio et d'Apicla à Saturne.
Deux enfants tenant chacun une grappe. —
Marbre. — Environs de Cherchel.

167. STÈLE VOTIVE de Fausta à Saturne. Personnage
mutilé. — Marbre. — Cherchel.

168. STÈLE FUNÉRAIRE. Jeune fille assise sur un lit
devant lequel est une table ronde. Inscription
grecque mutilée. — Marbre. — Carthage. — *Don
de M. Alph. Rousseau.*

169. STÈLE FUNÉRAIRE élevée de son vivant par Ge-
minius Saturninus pour lui-même, sa femme et
ses enfants. Dans le fronton cintré, deux personnages sur un lit ; devant eux, table à trois
pieds ; sur le devant, deux lions adossés. Dans
le tableau, centurion ayant à sa gauche un enfant qui tient un lièvre ; femme ayant à sa droite
une fille qui tient un oiseau. Au-dessous, un
œil surmonté d'un croissant et accosté d'un
serpent, d'un scorpion, d'un escargot et d'un
coq. Dans le cadre, oiseaux. — Calcaire gris. —
Aumale.

170. STÈLE FUNÉRAIRE de Géminius Priscinus. Personnage gravé au trait. — Marbre. — Cherchel.

171. STÈLE. Fronton à croissant. Personnage tenant
de la main droite une grappe, de la gauche,
ramenée sur la poitrine, une pomme ? Epitaphe

de Faustius. — Marbre.. —. Alger. — *Don de M. Lecourt Jarrel.*

172. FRAGMENT DE STÈLE. — Bas du corps d'un personnage tenant une grappe. Epitaphe de Libosus. — Marbre. — Cherbre.

173. STÈLE et épitaphe de Baribal, mort à cinq ans. Fronton à croissant mutilé. — Marbre. — Cherchel.

174. FRAGMENT DE STÈLE. Monument élevé par Sulpicius Quadratus pour la sépulture de son fils et pour la sienne. Dans le fronton, croissants sous une étoile à six branches Dans la niche, haut de la tête d'un personnage. — Marbre. — Cherchel. — *Don du Colonel de Neveu.* 1857.

175. FRAGMENT DE STÈLE. Epitaphe de Saburrius, fils du verrier Anta. Croissant au fronton. Pilastres à chapiteaux trifoliés. Personnage sur un piédestal, tenant une grappe et un oiseau. — Marbre. Cherchel.

176. FRAGMENT DE STÈLE. Epitaphe d'Ennius Paulus. — Marbre.

177. STÈLE et épitaphe de Neritus, intendant de Trophime. Dans le tympan du fronton, croissant. Niche avec personnage tenant une grappe. — Marbre. — Cherchel.

178. FRAGMENT DE STÈLE. Personnage tenant une grappe et une pomme. — Marbre. — Cherchel.

179. STÈLE. Personnage mutilé tenant un objet indistinct. Epitaphe d'un *verna* (esclave né dans la maison de son maître). — Marbre. — Cherchel. — *Trouvé par M. Berbrugger.*

180. STÈLE. Personnage mutilé, la main droite s'abaissant vers un autel, la gauche tenant un rouleau. Epitaphe de Valerius Saturninus. — Marbre. — Cherchel.

181. STÈLE à fronton avec acrotères. Niche vide. Epitaphe de Subsac, mère d'un « cubicularius ». — Marbre. — Cherchel.

182. STÈLE et épitaphe de Laetus, fils d'un affranchi du roi Juba. Fronton avec croissant en relief; dans une niche cintrée, personnage tenant une grappe de raisin et une pomme. — Marbre. — Cherchel. — *Remis au Musée par Mme veuve Foley*.

183. TOMBE de Ioincatius. Caisson cintré. Personnage dans une niche à droite de l'inscription. — Calcaire. — Aumale.

184. FRAGMENT DE STÈLE. Il ne reste que l'épaule droite du personnage. — Marbre.

185. STÈLE d'Ulpia Romana. — Calcaire. — Aumale.

186. FRAGMENT DE STÈLE et épitaphe. Le nom est mutilé (Hila....). — Marbre. — Cherchel.

187. FRAGMENT de la stèle funéraire de Re-tilut(us ?). Au-dessous de l'épitaphe, reste d'un personnage dans une niche. — Marbre.

188. FRAGMENT DE STÈLE portant le nom d'Estricatus. Marbre. — Cherchel.

189. FRAGMENT DE STÈLE. Reste d'épitaphe entre un croissant et un personnage brisé. — Marbre. — Cherchel.

189 *bis*. FRAGMENT DE STÈLE et d'épigraphe. — Marbre. — Cherchel.

190. STÈLE. La figure, les mains et probablement les noms du personnage ont été martelés. Personnage entre deux colonnes, relevant le pan de sa robe de la main gauche. — Calcaire. — Carthage?

191. FRAGMENT DE STÈLE. Bas d'un personnage debout sur un piédestal. — Marbre.

191 *bis*. FRAGMENT DE STÈLE. Femme tenant une grappe de la main droite, la gauche ramenée sur la poitrine. — Marbre.

192. STÈLE de C. Iulius Cupitus. Au fronton, croix dans un croissant. — Marbre. — Ziama?

193. FRAGMENT DE STÈLE. Partie inférieure du corps d'un adorant. Sur la plinthe, reste de colombes affrontées buvant à un vase. — Calcaire. — Tipasa.

ÉPIGRAPHIE

194. STÈLE avec inscription libyque. — Grès. — Djenan Abderrahman.

195. INSCRIPTION libyque. — Calcaire. — Maison-Carrée.

196. INSCRIPTION libyque. — Calcaire. — Ouled-Fayet. — *Trouvé par M. Chanteperdrix. 1868.*

197. INSCRIPTION libyque. — Grès. — Oued-el-Djemaâ. — *Don du bureau arabe d'Alger. 1853.*

198. INSCRIPTION libyque. — Calcaire. — Haouch Serkadji (Mitidja). — *Don de M. Sabatault.* 1847. — Envoyé au Musée par M. Aymar. 1853.

199. INSCRIPTION libyque. — Calcaire. — Cherchel. — *Trouvé chez l'Administrateur.*

200. INSCRIPTION libyque.

201. STÈLE funéraire. Inscription punique. — Grès. — Nécropole du Djenan Abderrahman.

202. DÉDICACE à Apollon. — Marbre. — Miliana.

203. EX-VOTO à Jupiter d'Aurelius Litua, à la suite d'une expédition contre les Barbares ou Bavares (peut-être près de Sebkha el Hodna), sous Dioclétien. — Calcaire. — Cherchel.

204. CONSÉCRATION au dieu Malagbel. Sur les côtés, listes de soldats qui ont consacré le monument. — Calcaire. — Msad. — *Don du D* Reboud. 1858.

205. BASE honorifique à Mars, protecteur de l'Empereur Gordien III. — Marbre. — Carthage (Zaghouan).

206. FRAGMENT de dédicace à Junon Reine, pour la conservation de l'Empereur Hadrien. — Marbre. — Henchir Djuggar.

207. DÉDICACE à Minerve. — Marbre. — Carthage. — *P. de Sainte-Marie.*

208. DÉDICACE à Mithra. — Calcaire. — Alger, rue du Vieux-Palais.

209. DÉDICACE grecque à Zeus Helios Sarapis. — Marbre. — Carthage. — *P. de Sainte-Marie.*

210. BASE d'une offrande à Sarapis. — Marbre. — Carthage. — *P. de Sainte-Marie.*

211. FRAGMENT de dédicace grecque. — Marbre. — Carthage. — *P. de Sainte-Marie.*

212. AUTEL à la Bonne Santé (*Bonae Valetudini*). — Calcaire. — Miliana.

213. INSCRIPTION grecque. Dédicace d'un groupe ou d'une *protome* au dieu de Canope. — Marbre. — Carthage. — *P. de Sainte-Marie.*

214. FRAGMENT d'inscription. Dédicace à l'Empereur Marc-Aurèle. — Calcaire. — Alger ?

215. COMMÉMORATION de spectacles donnés à l'amphithéâtre pour la conservation de l'Empereur Commode. — Marbre. — Philippeville. — *Don de M. Costa.*

216. FRAGMENT d'inscription honorifique à l'Empereur Vespasien (74-75 de J.-C). — Calcaire. — Alger (Bab-el-Oued).

217. FRAGMENT d'inscription, contenant les noms des fils de l'Empereur Sévère et celui du légat Q. Anicius Faustus. — Calcaire. — Msad. — *Dr Reboud.*

217 *bis*. INSCRIPTION contenant peut-être le nom de Nonnius (Martialis). La pierre a reçu, sur la face postérieure, l'épitaphe d'Aelius Aquestor. (V. nº 236 *bis*). — Marbre. — Cherchel.

218. BASE d'un autel au roi Ptolémée, fils du roi Juba. — Calcaire. — Alger, rue Bruce. — *Don de M. Ballard.*

219. DÉDICACE à P. Aelius Marianus, préfet de cohorte. — Calcaire. — Cherchel.

220. DÉDICACE d'une statue à M. Aufidius Honoratus. Cette inscription est le premier document qui ait servi à fixer l'ère maurétanienne. — Calcaire. — Bougie. — *Don de M. Fenech.*

221. MONUMENT en l'honneur de C. Fulcinius Optatus, qui avait défendu la colonie de Cartenna. — Ténès. — Calcaire. — *MM. Desvoisins et Boisseau.*

221 *bis.* BASE à C. Fulcinius Optatus par son frère, M. Fulcinius Maximus. — Calcaire. — Ténès. — *MM. Desvoisins et Boisseau.*

222. MONUMENT à Manilia Secundilla, femme d'un chevalier romain. — Calcaire. — Miliana.

223. BASE. Monument à Megatia Victoria. — Calcaire. — Zaghouan. — *P. de Sainte-Marie.*

223 *bis.* FRAGMENT de base honorifique à Q. Octavius Vo(lusius?). — Marbre. — Bou-Chateur (Utique).

224. BASE à Q. Pompeius Clemens. — Calcaire. — Miliana.

225. DÉDICACE à Ulpius Maternus par les *Oppidonovenses* (hab. d'Oppidum Novum). — Calcaire. — El-Khadra (Duperré). 1841.

226. FRAGMENT d'inscription d'un monument élevé à un préfet de la ville. — Marbre. — Carthage. — *P. de Sainte-Marie.*

227. FRAGMENTS d'une table de distribution des eaux de Mérouana entre les divers propriétaires de la commune de Lamasba. — Calcaire dur. — Merouana.

228. TABLE de mesures exécutée par les soins de deux édiles chargés de la vérification. — Calcaire. — Ténès. — *Don de MM. Desvoisins et Boisseau.*

229. DÉDICACE d'un *centenarium* (réservoir?). — Grès. — Ourthi N'Tarroumant (Kabylie du Djurjura).

229 *bis.* FRAGMENT d'inscription, reste probable d'une dédicace et datant de l'an 207. — Grès.

230. LISTE de noms (de soldats?). — Calcaire. — M'sad.

231. INSCRIPTION nommant des greniers. — Calcaire. — Ténès. — *Porté par M. Rietschel.*

232. INDICATION de l'atelier d'un certain Sodalis. — Marbre. — Orléansville. — *Vente de Mgr Du-puch.*

232 bis. FRAGMENT d'inscription mentionnant un roi et une reine ou des divinités aux noms desquelles ces titres étaient joints. — Marbre. — Cherchel.

233. FRAGMENT d'inscription. — Marbre. — Provenance inconnue.

233 bis. Sous une moulure, FRAGMENT d'inscription S. L. V. — Marbre.

234. FRAGMENTS de gradins de théâtre? — Marbre. — Cherchel, ruines du théâtre.

234 bis. MILLIAIRE de la route de Caesarea à Cartenae (Cherchel à Ténès). — Calcaire. — Territ. de Novi.

235. BORNE MILLIAIRE où l'on distingue le nom de l'Empereur Julien. — Calcaire. — Route de Cherchel à Novi.

236. EPITAPHE de P. Aelius Afininus, édile désigné. — Marbre. — Rusguniae (Matifou).

236 bis. EPITAPHE d'Aelius Aquestor. — Cherchel. — *Don de M. Rolland de Bussy.*

237. EPITAPHE de P. Aelius Processianus, affranchi de la famille impériale. — Marbre. — Cherchel. — *Don de M. Casasol.*

238. EPITAPHE d'Aelia Ingenua. — Marbre. — Cherchel.

239. EPITAPHE de M. Barbatius Pandarus. — Marbre. Cherchel.

240. EPITAPHE de Aemilia Verna — Marbre. — Cherchel.

241. EPITAPHE de Caecilia Juliana, de Gunugu (Sidi-Brahim el Akhouas, près Gouraya). — Marbre. Cherchel.

242. EPITAPHE de Clodia Tacamessa. — Calcaire. — Duperré.

243. EPITAPHE de Caelia Restituta. — Marbre. — Cherchel, nécropole occidentale.

244. EPITAPHE du C. Julius (Crispinus?). Le haut manque. Le bas porte le nom d'AVFIDI..... — Marbre. — Cherchel.

244 *bis*. EPITAPHE de Julius Lucianus. — Grès. — Douéra. — *Don de M. Costallat.*

245. FRAGMENT d'épitaphe de C. Julius Prud(ens?) — Marbre. — Cherchel.

245 *bis*. EPITAPHE de C. Iulius Severus. — Marbre. — Cherchel.

246. MONUMENT à Iulia Celsa. — Grès. — Alger (ancienne fontaine de la rue Philippe). — *Don de la Direction de l'Intérieur.* 1847.

247. EPITAPHE de Iulia Hesperis. — Marbre. — Cherchel.

248. EPITAPHE de Iulia Monnica. — Marbre. — Cherchel. — *Don de M. Roland de Bussy.*

249. CIPPE et épitaphe de Julia Secunda. — Grès. — Azeffoun.

250. EPITAPHE de Iulia Tulta. — Marbre. — Cherchel. — *Don de M. Belle.*

251. PIERRE tumulaire de Kalpurnia Flavia. — Calcaire. — Oppidum Novum (Duperré).

252. EPITAPHE d'un monument élevé par Lucia Petronia à son mari Crescens Sil. ans ? soldat de la flotte de Syrie. — Marbre. — Cherchel.

253. EPITAPHE de Cl. Publicius Fortunatus, sacristain (œdituus). — Marbre. — Cherchel.

253 *bis.* EPITAPHE de M. Ulpius Abelas, vétéran. — Marbre. — Cherchel.

254. CIPPE d'Ulpia Romana. — Calcaire. — Aumale.

255. EPITAPHE de Q. Ballen. — Marbre. — Route de Novi, rive droite de l'Oued R'assoul.

256. OSSUAIRE et épitaphe de Calpurnius Martialis. — Marbre. — Alger, Bab-Azoun. — *Don de M. Bouyer, architecte.*

257. EPITAPHE de M. Candidus. — Grès. — Miliana, 1865.

258. EPITAPHE de C. Cusonius. — Marbre. — Cherchel.

259. EPITAPHE d'Insteïus Victorinus, scribe de la flotte (station de Caesarea). — Marbre. — Cherchel. — *Don de M. Vignaud.*

260. FRAGMENT d'épitaphe de Iul. Nicep(horus ?). — Marbre. — Cherchel.

261. EPITAPHE métrique de Sergius Sulpicius. — Marbre. — Cherchel. — *Don de M. Casasol.*

261 *bis.* EPITAPHE d'Auxesis. — Marbre. — Cherchel.

262. EPITAPHE de Carusia et de Carusius. — Calcaire. — Cherchel.

263. EPITAPHE de Fadia. — Marbre. — Cherchel.

264. EPITAPHE de Faustus — Marbre.

264 *bis.* FRAGMENT d'épitaphe portant les noms mutilés .... A.... FAVS.... — Marbre. — Cherchel.

265. EPITAPHE d'un Félix, huissier de prétoire. — Marbre. — Cherchel.

266. EPITAPHE de Gallia Natalis. — Marbre. — Cherche .

267. EPITAPHE de Tertia, femme d'Eutactus. — Marbre. — Cherchel. — Nécropole occidentale.

268. EPITAPHE de Vitula. Chrisme coupant. le premier mot. — Marbre. — Cherchel.

269. FRAGMENT d'épitaphe de ....ANIA. — Marbre. — Cherchel.

270. FRAGMENT d'épitaphe portant le nom propre AVREL .... — Marbre — Cherchel.

271. FRAGMENT d'épitaphe de Constantinus. -- Marbre.

272. FRAGMENT d'épitaphe portant le nom propre IULIAN... — Marbre.

273. FRAGMENT d'inscription. Nom propre ? GYMNICI. — Marbre. — Cherchel.

274. FRAGMENT d'épitaphe portant deux noms tronqués. — Marbre. — Cherchel.

275. FRAGMENT d'épitaphe. -- Marbre. — Cherchel.

275 bis. FRAGMENT d'épitaphe. — Marbre. — Cherchel.

276. FRAGMENT d'ossuaire. -- Inscription grecque métrique mutilée. -- Marbre. --- Cherchel.

277. FRAGMENT d'épitaphe. -- Marbre. -- Provenance inconnue.

278. FRAGMENT d'épitaphe métrique. -- Marbre. -- Cherchel.

279. FRAGMENT d'une épitaphe de femme. — Marbre. — Cherchel.

280. FRAGMENT d'épitaphe. -- Marbre. — Cherchel.

281. FRAGMENT d'épitaphe. — Marbre. -- Cherchel.

282. FRAGMENT d'épitaphe. -- Marbre. — Cherchel.

283. FRAGMENT d'épitaphe. -- Marbre.

284. COMMÉMORATION de Germanus et de Donata, peut-être victimes de la persécution d'un évêque arien établi à Tipasa, par Huneric. — Grès. — Bou-Ismaïl. — *Don de M. Mallin.* 1865.

285. COMMÉMORATION chrétienne de Reparatus. — Brique. Orléanville. — *Don de M. Pontier, médecin militaire.*

286. INSCRIPTION en graffite. Commémoration des martyrs Stéphanus et Laurentius Iulianus. — Brique. — Environs de Sétif. — *Don de M. Ghisolfi.*

287. COMMÉMORATION de martyr. Dans un losange, monogramme du Christ, accosté de colombes. — Brique. — Orléanville. — *Acquis à la vente de Mgr Dupuch.*

288. COMMÉMORATION de martyr. Mention des apôtres Pierre et Paul. — Brique. — Orléansville. — *Vente de Mgr Dupuch.*

288 bis. COMMÉMORATION de martyr. Mention de Paul et Pierre. — Orléansville. — *Vente de Mgr Dupuch.*

289. COMMÉMORATION chrétienne. — Année provinciale 367 (406 après J.-C.) — Marbre cipolin. — Orléansville.

289 bis. FRAGMENT de commémoration d'un martyr. — Marbre blanc. — Orléansville. — *Vente de Mgr Dupuch.*

290. FRAGMENT de commémoration d'un martyr. — Marbre. — Orléansville. — *Vente de Mgr Dupuch.*

291. COMMÉMORATION de la consécration par Evelpius d'une église en l'honneur du martyr Severianus. — Marbre. — Route de Novi (Oued-R'assoul).

292. ÉPITAPHE de plusieurs chrétiens ensevelis dans le même *accubitorium.* — Marbre. — Route de Novi (rive droite de l'Oued R'assoul).

293. EPITAPHE chrétienne de Fl. Ziperis. — Marbre. — Rusguniae (Matifou).

294. FRAGMENT d'épitaphe d'un évêque tué dans la guerre des Maures. — Marbre. — El-Hadjeb. — *Envoi de M. Ausone de Chancel.*1856.

295. FRAGMENT d'épitaphe chrétienne. — Marbre veiné. Cherchel.

296. FRAGMENT d'inscription. — Orléansville.

297. FRAGMENT d'inscription. — Marbre. — Orléansville. — *Vente de Mgr Dupuch.*

298. FRAGMENT d'inscription. — Marbre. — Orléansville. — *Vente de Mgr Dupuch.*

298 *bis.* FRAGMENT d'inscription. — Marbre. — Orléansville. — *Vente de Mgr Dupuch.*

299. FRAGMENT d'inscription. — Calcaire. — Orléansville. — *Vente de Mgr Dupuch.*

300. FRAGMENT d'épigraphe mentionnant un *sacerdos.* — Marbre. — Provenance inconnue.

301. FRAGMENT d'inscription .....IBVS. — Marbre. — Provenance inconnue.

301 *bis.* FRAGMENT d'inscription .....LVS. — Marbre. — Provenance inconnue.

302. RESTE d'inscription très effacée. — Calcaire. — Provenance inconnue.

303. FRAGMENT d'inscription. — Grès. — Provenance inconnue.

304. FRAGMENT d'inscription très fruste. — Grès.

305. FRAGMENT d'inscription. Lettres de diverses couleurs (nom propre ? Félix). — Mosaïque. — Provenance inconnue.

306. FRAGMENT d'inscription. — Mosaïque. — Provenance inconnue.

307. Anse d'amphore portant imprimée des deux côtés l'inscription IBENNIVO. — Terre cuite. — Alger, rue du Vieux Palais. — *Don de M. Picon.*

308. Fragment portant le graffite SCO. — Terre cuite. — Tipasa.

309. Fragment d'un bord de *dolium* portant gravées les lettres ou chiffres VI. — Terre cuite. — Tipasa.

310. Fragment de *dolium*, portant le graffite XVIIIIR I.... — Terre cuite. — Tipasa.

311. Fragment de *dolium* avec graffite. — Terre cuite. — Tipasa.

311 bis. Caractères coulés en plomb dans des trous percés dans le marbre. Armoiries de l'ordre des Jésuites. — Marbre. — Ancien bagne Tabaren ben el Agha, Alger.

MOSAÏQUES

312. L'Hiver. Parmi des roseaux, femme nue, une peau de panthère sur les épaules, tenant d'une main un hoyau, de l'autre deux canards. — Mosaïque. — Aumale. — *Don du Maréchal Randon,* 1852.

313. Néréide sur un monstre marin, pinçant les cordes d'une lyre que lui tend un amour. — Mosaïque. — Aumale. — *Envoi du Maréchal Randon,* 1852.

314. AMOUR sur un dauphin, une main tenant les rênes, l'autre un trident. Ce tableau et les deux suivants faisaient partie de la décoration d'un bassin. — Mosaïque. — Oudena (Tunisie).

315. NEPTUNE sur un char traîné par deux chevaux marins. — Mosaïque. — Oudena (Tunisie).

316. NÉRÉÏDE sur un monstre marin. — Mosaïque. — Oudena (Tunisie).

317. FRAGMENT d'une mosaïque représentant les métamorphoses de Jupiter. — Mosaïque. — Ouled. Agla.

318. FRAGMENTS de la bordure du précédent. — Mosaïque.

319. TÊTE d'Océan ou de Fleuve, fragment de la bordure de la même mosaïque. — Mosaïque.

320. CHASSE à la panthère et au sanglier. — Mosaïque. — Orléansville. — *Transporté au Musée d'Alger par ordre de M. J. Cambon, Gouverneur Général.*

321. FRAGMENT. Pugiliste vainqueur. — Mosaïque. — Cherchel, Thermes.

322. PAVEMENT à rosaces. — Mosaïque. — Cherchel, Thermes.

323. FRAGMENT d'une mosaïque d'ornement. — Mosaïque. — Alger.

ARCHITECTURE, USTENSILES, ETC.

324. FRAGMENT d'autel. — Marbre. — Carthage. —
   P. de Sainte-Marie.

325. FRAGMENT de corniche. — Marbre.

325 *bis*. FRAGMENT de corniche. — Marbre.

326. SCULPTURE d'ornement. Fragment avec bordure
   de palmettes et rais de cœur. — Marbre. — Cherchel.

327. FRAGMENT d'entablement. — Marbre.

327 *bis*. FRAGMENT de corniche. — Marbre.

328. FRAGMENT. Fleurs. — Marbre. — Cherchel.

328 *bis*. FRAGMENT de sculpture d'ornement. — Marbre.

329. FRAGMENT de sculpture d'ornement. Palmettes et
   rais de cœur. — Grès. — Carthage. — *P. de
   Sainte-Marie.*

329 *bis*. FLAMMES avec traces de vermillon. — Marbre. —
   Carthage ?

330. FUT de colonne entouré de feuilles et de fleurs
   sculptées en relief. — Marbre. — Cherchel.

331. PILIER quadrangulaire sculpté. Vases à fleurs,
   feuilles et fruits. — Marbre. — Cherchel.

332. PILIER sculpté. Vases, feuilles, bandelettes, ornements divers. Sur les quatre faces, personnages
   dansant. — Cherchel.

333. CHAPITEAU corinthien. — Marbre. — Cherchel.

334. CHAPITEAU corinthien. — Marbre. — Cherchel.

335. CHAPITEAU d'ordre ionique.

336. CHAPITEAU ionique à bandeaux. — Grès. — Alger. — *Don de M. Delaporte.*

337. FRAGMENT de chapiteau composite. — Grès.

338. CHAPITEAU de pilastre. — Marbre. — Alger.

339. CHAPITEAU corinthien. — Pierre. — Alger.

340. CHAPITEAU d'ordre ionique altéré. — Alger.

341. CHAPITEAU portant les armes des Franciscains. — Marbre. — Matifou.

342. FRAGMENT de dais d'autel ou de baptistère. Chrisme mutilé. Branches de vigne. — Calcaire. — Bordj-bou-Arréridj.

343. CLATHRUM ou transenna portant le chrisme dans un cercle tangent au cadre. — Alger (Bab-Azoun). — *Don de M. Raby Duverney.*

344. FRAGMENT de transenna. — Grès. — Alger.

344 *bis.* TABLE à offrandes. — Aumale.

345. FRAGMENT de table à offrandes? — Pierre.

345 *bis.* FRAGMENT de colonnette. — Brèche africaine. — Alger (Rue du Vieux-Palais). — *Don de M. Picon*, 1861.

346. SIÈGE à bains (*sella balnearis*). — Marbre. — Alger (anc. place Juba).

347. SIX FRAGMENTS de moulins romains. — Grès. — Le plus important provient de Douéra.

348. CLEF de conduite d'eau. — Pierre. — Aqueduc romain de Rous-el-Kenateur (Cap-Caxine). — *Don du Service des Bâtiments civils*, 1839.

349. OBTURATEURS de conduites d'eau. — Grès.

349 *bis.* OBTURATEURS de conduites d'eau. — Grès.

350. OSSUAIRE. — Marbre. — Cherchel.

Série B

CÉRAMIQUE, MÉTAUX

Poteries extraites des tombes phéniciennes de Gouraya,
par M. P. Gauckler (Mission de 1891-92)
et envoyées par lui au Musée d'Alger

« Les poteries (de Gouraya) présentent une grande diversité de formes, mais se répartissent en deux groupes bien distincts : les vases d'importation grecque et ceux de fabrication carthaginoise ou locale.

« Les premiers se reconnaissent facilement à leur élégance, à la légèreté de leur terre rouge ou bistre, à leur couverte noire à reflets métalliques...

« Les vases de fabrication locale, d'une argile plus grossière, et sans couverte vernissée... sont presque tous décorés sur leur panse de zones ou de palmettes rougeâtres ou grises, caractéristiques de la fabrication phénicienne. »

P. GAUCKLER, *Musée de Cherchel.*

1 à 10. VASES à deux anses, de formes diverses. Quelques-uns portent des zones ou des dessins bruns sur le col ou sur la panse.

11 à 17. VASES à une anse, cruches, pots, aiguières à large orifice et à bords circulaires.

18 à 24. AIGUIÈRES à une anse, à orifice étroit, bords circulaires.

25à28. VASES à une anse, aiguières, orifice plat. Imitation de vases en bronze grecs.

29à43. AIGUIÈRES et vases à vin à une anse, bec à moulures. — Terre commune.

44à58. AIGUIÈRES et vases à vin à une anse avec raies ou dessins bruns ou rouges sur le col ou la panse.

59. VASE sans anse à raies de couleur

60à64. PETITES AIGUIÈRES.

65à67. VASES à vin (œnochoés), terre noire. — Fabrique ou imitation grecque.

68à70. VASES à vin. — Terre commune.

71et72. VASES à vin à stries circulaires. — Terre commune.

73. VASE sans anse, panse lenticulaire.

74et75. GRANDS FLACONS à une anse.

76. GRAND FLACON à une anse, à dessins.

77à79. PETITS FLACONS à une anse.

80et81. PETITES CRUCHES à biberon.

82à85. GRANDES AMPHORES coniques tirées des tombes de Gouraya.

86. MARMITE.

87. GRANDE URNE à deux anses.

88à99. FIOLES A PARFUMS (unguentaria).

100à113. BOITES A FARD, cupules.

114. PLAT de terre commune portant la trace d'agrafes de racommodage.

115à118. PETITES ASSIETTES de terre commune.

119à169. PLATS, plats creux, bols et fragments en terre à couverte noire, plusieurs portant des graffi-

tes (lettres, chiffres ou signes néo-puniques) gravés à la pointe après la cuisson.

170 à 175. TERRINES, deux à bords rentrants.

176 à 180. BOLS. Terre sans couverte.

181 et 182. ECUELLES à une anse.

183. COUPE à deux anses, vernis noir.

184. LAMPE de forme grecque.

185 et 186. LAMPES romaines, provenant des sépultures romaines superposées aux tombes phéniciennes.

187. FLACON à parfums, terre rouge, couverte noire.

188. CINQ COQUILLES à fard. Quelques-unes contiennent encore du minium.

189. BOUTON d'amphore.

190. TÊTE d'oie en gypse.

POTERIES *diverses provenant de Carthage* (191 à 263)

191 à 194. URNES funéraires.

195. LAMPE punique.

196. LAMPE romaine païenne. Au disque supérieur, amour tenant un trident.

197. DÉBRIS de lampe romaine.

198. LAMPE de forme grecque, figurant un poisson.

199. LAMPE romaine, époque postérieure.

200. BALLES de fronde.

201 à 263. POTERIES diverses.

264. VASE. — Aïn-Fouka. — *Don de M. Coispelliez.*

265. VASE. — Zuccabar.

266. VASE italo-grec, terre noire, à 4 anses à

stries longitudinales. Sépultures de Ben-Ghazi (Bérénice). — *Don de M. Pellissier de Reynaud, consul de France à Tripoli.*

267. VASE italo-grec. Personnages et ornements. — Ben-Ghazi. — *M. Pellissier de Reynaud.*

268. VASE italo-grec à trois anses. Têtes et personnage. — Ben-Ghazi. — *M. Pellissier de Reynaud.*

VASES ET POTERIES *provenant de la Collection Campana*

269 à 278. AIGUIÈRES.

278 *bis*. VASE à deux anses, dessins d'ornement gravés à la pointe.

279 et 280. GRANDES COUPES.

281 à 284. COUPES ou tasses à deux anses.

TERRE ROUGE A COUVERTE NOIRE

285 et 286. VASES à une anse.

287. COUPE à deux anses.

288 à 290. ECUELLES à deux anses.

291 à 298. PLATS.

299. GRANDE URNE. Dessins rouges, vert, noir.

300 à 307. VASES avec dessins de personnages et de têtes.

308 à 312. VASES avec dessins d'ornement.

313 à 319. FLACONS à parfums. Bandes ou dessins rouges ou bruns.

320 à 322. RÉCIPIENTS à parfums. Terre rouge à couverte noire.

323. OISEAU.

324 à 390. PETITES POTERIES, cupules, etc., provenant de Ben-Ghazi (Tripolitaine).

391 à **396**. VASES de terre commune.

397 à **406**. PLATS de terre rouge, dont trois avec des dessins en empreinte.

407 à **409**. PLATS à pied, terre rouge brillante.

410 et **411**. TERRINES terre commune.

412.   TERRINE terre rouge dure.

413.   ASSIETTE terre rouge.

414 à **416**. PETITS PLATS terre rouge.

417.   COUPE à pied en terre jaunâtre.

418 et **419**. ASSIETTES terre grise.

420 et **421**. ASSIETTES terre jaunâtre.

422 à **425**. ECUELLES terre commune.

426.   ASSIETTE terre noire.

426 *bis*. BOL terre noire.

427 et *bis* BOLS terre rouge.

428.   CUPULE terre rouge.

429 à **434**. RÉCIPIENTS très grossièrement travaillés à la main (Poteries gauloises du dolmen du Baïnen à El-Kalaa ?)

435.   TASSE terre noire.

436 à **445**. VASES à anses terre commune.

445 *bis*. VASE à trois anses et à long goulot.

446.   POT à anse très grossier.

447.   POT sans anse.

448 à **456**. COUVERCLES d'amphores.

457.   PETITE AMPHORE cylindrique. — Carthage. — P. *de Sainte-Marie*.

458 et **459**. PETITES AMPHORES coniques.

460.   AMPHORE pyriforme.

461. AMPHORE de Gouraya. — *Don de M. V. Waille.*

462. AMPHORE de Mouzaïaville.

463. AMPHORE. — Tanaramusa (El-Hadjeb). — *Don de M. Lemoine, maire de Blida.* 1855.

464. AMPHORE. — Alger (rue Mahon). — *Don de M. Belouar.*

465 à 470. AMPHORES.

471 à 473. AMPHORES.

474. DOLIUM (grand récipient pour l'huile ou le vin) portant imprimée la marque PHI. — Fouka. — *Remis par M. Calendini, commissaire civil de Coléa.* 1846.

475. DOLIUM. Lettres sur le bord IR...

476 à 478. DOLIUM.

479. BRIQUE à rebords, pour conduites d'eau ou égouts.

480 à 483. BRIQUES plates.

484. PLAQUE représentant une Victoire aux ailes éployées, portant une couronne et une palme. — Terre cuite. — *Collection Campana.*

485. OSSUAIRE. Sur le couvercle, femme couchée. Sur la face antérieure, bas relief. — Terre cuite. — *Collection Campana.*

486. FIGURINE de femme. Le vêtement porte des traces de couleur rose. — Terre cuite. — *Campana.*

487. VÉNUS assise. — Terre cuite. — *Campana.*

488. TÊTE de femme. Restes de couleur bleue sur le voile. — Terre cuite. — *Campana.*

489. TÊTE de femme. — Terre cuite. — *Campana.*

490. TÊTE de femme. — Terre cuite. — *Campana.*

491. PETITE TÊTE de femme. — Terre cuite. — *Campana.*

492. FRAGMENT de statuette. Berger. — Terre cuite. — *Campana.*

493. STATUETTE acéphale. Vénus ? — Terre cuite.

493 *bis*. BUSTE de femme. — Terre cuite.

494. PLAQUE estampée, représentant des femmes sur un char à deux chevaux. — Terre cuite.

495. BRIQUE estampée. Sacrifice d'Abraham ?

496. EMPREINTE d'un petit pied. Ex-voto ? — Terre cuite.

497. RÉCIPIENT à parfums ? Bélier au repos. — Terre cuite.

498. TÊTE d'hippocampe. — Terre cuite.

499. AMPOULE chrétienne. — Terre cuite.

500. PETIT VASE creusé en forme de dolium.

501. LAMPE à trois mèches. — Terre cuite. — El-Grimidi.

502. LAMPE terre noire. — Terre cuite. — El-Grimidi.

LAMPES ANTIQUES (503-549)

503. LAMPE punique ?

504. GODET sans bec ni anse. Epoque punique ?

505. FRAGMENT de lampe de forme grecque, figurant un poisson.

506. LAMPE romaine, époque païenne. Sanglier courant, mordu à la nuque par un fauve ou un chien debout sur son dos. — Sétif. — *Don de M. Ghisolfi.*

507. LAMPE à deux becs, appendice en triangle orné d'une palmette au-dessus de deux guirlandes. Signature CABINIA. — Alger. — Tombe romaine du Jardin Marengo.

508. LAMPE à deux becs, appendice en triangle portant une tête de Gorgone. Signature peu lisible.

509. LAMPE à deux becs, grand module.

510. LAMPE romaine. Panthère sous un arbre. Signature MADIEC.

511. LAMPE romaine. Signature CENTI...

512. LAMPE romaine. Chasseur sur un char traîné par des cerfs.

513. LAMPE romaine. Tête ceinte d'un bandeau.

514. LAMPE romaine. Aigle au repos.

515. LAMPE romaine. Personnage élevant un disque.

515 bis. LAMPE romaine. Au-dessous du trou central, croissant ; au-dessus, étoile à sept branches. Signature illisible.

516. LAMPE romaine. Personnage vêtu de plumes.

517. LAMPE romaine. Signature presque illisible.

518. LAMPE. Terre rouge à couverte noire, parois très épaisses. Appendice latéral cassé.

519. LAMPE romaine, appendice non foré. Inscription fruste au disque supérieur.

520. LAMPE romaine. Au disque supérieur, inscription circulaire. — Fouka. — *Don de M. Vigat.*

521. LAMPE romaine de la même fabrique que

la précédente. — Fouka. — *Don de M. Vigat.*

522. LAMPE romaine. Sur le disque supérieur, croix grecque ornementée.

523. LAMPE romaine. Lion.

524. LAMPE romaine. Oiseau.

525. LAMPE romaine. Taureau lancé.

526 à 549. LAMPES romaines non figurées.

VERRERIE *provenant de la tombe romaine du Jardin Marengo* (550-577)

550 à 553. VASES cylindriques, anse plate courbée à angle aigu. Cercles légèrement gravés sur la panse.

554. VASE en cône.

555. VASE à large panse.

556 à 559. FIOLES à long col, petite panse.

560 à 562. FIOLES à goulot court, panse renflée.

563. COUPE évasée. Traces de dessins ?

564. COUPE sur pied à profil de doucine. Sur le pourtour, combats de gladiateurs. Quelques traces de couleurs dans la gravure à la gravure à la pointe.

565 à 567. PLATS.

568 à 574. FIOLES à parfums.

575. DÉBRIS de verrerie.

576. DÉBRIS de petite coupe.

577. DÉBRIS de coupe en terre blanche.

578. PASTILLE de verre. — Cherchel. — *Don de M. Waille.*

579. PETIT VASE. — Cherchel. — *Don de M. Waille.*

580. COUPE de verre bleu.

MÉTAUX, BRONZES, FERS, ETC.

581. MASQUE. Figure d'homme ou de divinité de très belle facture. — IIIe Siècle av. J.-C. ? — Bronze. — El Grimidi. — *Fouilles et envoi du Colonel Trumelet.*

582. CASQUE de fer à bandes de bronze ciselé. Les fragments ont été rapprochés et le casque reconstitué par M. Rattier, architecte. — Bronze et fer. — El-Grimidi. — *Fouilles et envoi du colonel Trumelet.*

583. FER de lance. — El-Grimidi.

584. FRAGMENT de casque. — Fer. — El-Grimidi.

585. ANNEAU plat. — Fragments divers. — El-Grimidi.

586. CUILLÈRE. — Bronze. — El-Grimidi.

587. PIED à trois branches. — Bronze. — El-Grimidi.

588. UMBO de bouclier. — Bronze. — El-Grimidi.

589. DÉBRIS d'armures ou de parures. — Bronze — El-Grimidi.

590. VÉNUS à la sandale. — Bronze. — Cherchel.

591. BUSTE de l'Afrique. — Bronze. — *Remis par M. Paul, préfet d'Alger.*

592. STATUETTE. Victoire aux ailes repliées adossée à un pilier muni d'une anse par derrière. — Bronze.

593. ANIMAL fantastique à corps de quadrupède, à tête de perroquet. — Bronze.

594. Corps d'oiseau à tête humaine casquée (moderne?). — Bronze. — Sétif. — *Don de M. Blondel.* 1845.

595. Masque surmonté d'un anneau. Peson de balance? — Bronze. — Ténès. — *Don du colonel de Neveu.* 1847.

596. Lampe chrétienne (Vᵉ Siècle) avec récipient à huile et boîte à encens. Colombes et dauphin. — Bronze. — El-Hadjeb.

597. Pied de cheval grandeur nature. — Bronze. — Philippeville.

598. Main d'homme colossale. Deux bagues portant gravée sur le chaton une ligne ondulée. — Bronze. — Philippeville.

599. Victoire sur un pied à feuilles d'acanthe. — Bronze.

599 bis. Hercule terrassant le lion de Némée? — Bronze.

600. Figure accroupie, les genoux au menton. — Bronze.

601. Figurine à coiffure évasée, barbe en pointe (*litam* ?). — Bronze.

602. Figurine d'homme drapé. — Bronze.

603. Femme drapée. — Bronze.

603 bis. Autre percée de trous d'attache. — Bronze.

604. Figurine nue, les bras levés, courant. — Bronze. — Sétif. — *Don de M. Ghisolfi.*

605. Femme assise, les bras étendus. — Bronze. — Sétif. — *Don de M. Ghisolfi.*

606. Femme drapée. Coiffure à natte circulaire. — Bronze.

607. HOMME nu. Chasseur. — Bronze.

608. FIGURINE cintrée. Personnage drapé sur un lit de repos. — Bronze.

609. ISIS allaitant Horus. — Bronze. — Akhmin. — *Don de M. Daninos Bey.* 1886.

610. APIS. Les jambes sont mutilées. — Même provenance.

611. FIGURE égyptienne. — Bronze.

612 à 615. FIGURINES d'ornement. — Bronze.

616. TÊTE radiée. — Bronze.

617. PIED fourchu. A l'articulation de la cuisse, tête de faune. — Bronze. — Fouka. — *Don de M. Roux, directeur d'une école arabe-française.*

618. BALANCE romaine. — Bronze.

618 *bis.* ANNEAU formé de pampres et de grappes. — Bronze.

619. DÉBRIS d'une poulie. — Bronze.

620. CROCHET. — Bronze. — Trouvé en mer près de Ténès.

621. ANNEAU, avec lettres en relief dans un chaton quadrangulaire. — Estampille de potier? — Bronze.

622. ANNEAUX et armatures. — Bronze.

823. CLEFS. — Bronze. — Cherchel.

623 *bis.* CLEF-ANNEAU. — Bronze. — Rusguniae.

624. CLOCHETTE. — Bronze. — Sétif. — *Don de M. Ghisolfi.*

625. CLOCHETTE. — Bronze.

626. CROCHET en S; aux deux extrémités, tête et queue d'animal. — Bronze.

OBJETS *trouvés dans les tombes de Tala Bounan*
(*Commune mixte de Fort-National*) (627-636)

627 à 630. BRACELETS. — Bronze.

631 à 633. BAGUES. — Bronze.

634. DÉBRIS de bracelets.

635. FRAGMENTS de bagues. Un des chatons porte gravé un animal à longues cornes, un autre un chrisme.

636. HAMEÇON ?

637. RÉCIPIENT inférieur d'une lampe à deux becs. — Bronze. — Sétif. — *Don de M. Ghrisolfi.*

638. FIBULE avec traces de dorure. — Bronze. — Cherchel. — *Don de M. Waille.*

639. OBJETS ET FRAGMENTS *divers en bronze, provenant de Cherchel, envoyés par M. Waille :*
PIED de lampe.
FRAGMENT de robinet.
CROCHETS.
PIED de trépied.
TROIS AIGUILLES.
UNE SPATULE.
UN' ANNEAU à large chaton plat.
TÊTE d'aigle.
FIBULES et fragments.
SERPENT enroulé.
CHAÎNETTE à anneaux plats.
PETITE TÊTE casquée.
FRAGMENTS de trépieds, supports, etc.

639 bis. DEUX SONNETTES.

640. COLLIERS, chaînettes.

641. BATTANTS de sonnettes.

642.   AGRAFES.

643.   BOUTONS de bronze.

644.   PETIT RÉCIPIENT d'applique. — Bronze.

645.   DEUX PETITS PENDANTS. — Bronze.

646.   BRACELETS et débris.

647.   BULLE de la douane de Rusicade (Philippe-
       ville). — Plomb.

647 *bis*. OSSUAIRE. — Plomb. — Affreville. — *Don de*
       M. Delaunay.

648.   OSSUAIRE de forme circulaire. — Plomb. —
       Cherchel.

649.   FRAGMENT d'ossuaire. — Plomb. — Cherchel.

650.   FRAGMENT de tuyau. — Plomb. — Cherchel.

651.   FERS DE LANCE et de javelot. — Sétif.

MOULAGES

(N.-B. — Les numéros apposés sur les moulages sont
       précédés de la lettre M).

1 à 4. TÊTES colossales de Cherchel.

5.   FEMME au pavot de Cherchel.

6.   CARIATIDE archaïsante de Cherchel.

7.   TÊTE de Ptolémée. — Cherchel.

8.   TÊTE de Juba. — Cherchel.

9.   TÊTE de Ptolémée. — Hammam-Rhira.

10.   TÊTE de Jupiter. — Cherchel.

11.   CHAPITEAU d'Oran.

12.   AUTEL ou thymiaterion triangulaire.

13 à 19. MOULAGES d'inscriptions.

20. MOULAGE d'un fragment de bas-relief trouvé à Cherchel, et figurant au Musée du Louvre. Femme appuyée sur une urne où est représenté l'enlèvement des Leucippides par Castor et Pollux.

21. SARCOPHAGE de Tipasa.

22. PRÊTRESSE d'Isis. — Cherchel.

23 et 24. LION et LIONNE du tombeau des rois de Maurétanie (Kbour-er-Roumia).

25. RÉDUCTION du tombeau des rois de Maurétanie, dit : « Tombeau de la Chrétienne »

Collection de Fac simile de Pierres écrites (Hadjrat el Mektoubât), gravures et inscriptions rupestres, d'après les estampages rapportés par M. G. B. M. Flamand, chargé de conférences à l'École supérieure des Sciences d'Alger. (Missions dans le Sud-Oranais 1890-99). — Don de Mr G. B. M. Flamand.

LES PIERRES ÉCRITES (*Hadjrat Mektoubât* des arabes) montrent des figurations de grands et de petits animaux, de personnages — groupés ou non en scènes — et qu'accompagnent souvent aussi des caractères d'écriture, le tout gravé en creux sur des pans polis de rochers de grès, tout au long des voies naturelles d'accès : larges vallées, cols, défilés.

Les Pierres écrites ont été signalées pour la première fois par le Capitaine Koch et le Docteur Jacquot à Tyout et à Mograr-el-Tathani au cours de l'expédition du Général Cavaignac dans la région des Ksour du Sud-Oranais (1847).

Depuis lors, les explorations du Nord Africain et du Grand Sahara en ont fait reconnaître de nouvelles stations nombreuses, dispersées sur une aire vraiment considérable. Barth en découvrait au Nord du Mourzouk (1850), Vigneral dans le cercle de Guelma (Constantine); Nachtigal au Tibeth (1870); le Rabbin Mardochée rapportait, en 1876, à H. Duveyrier les estampages de gravures rupestres qu'il avait recueillies dans le Soûs marocain. — En 1882, le Capitaine Boucher découvrait la station d'El-Hadj Mimoun, dont le Docteur E. T. Hamy faisait ressortir l'importance au point de vue de la chronologie à établir dans les différentes séries de ces dessins rupestres; en 1889, le Docteur E. Bonnet indiquait la fréquence d'ateliers de silex au voisinage immédiat de ces rochers gravés. — De 1890 à 1899 M. G. B. M. Flamand, au cours de ses missions dans le Sud, relevait près de 30 stations nouvelles de *Pierres écrites*, toutes situées dans la chaîne saharienne, Djebel Amour et montagnes des Ksour, entre le bordj d'Aflou et El Figuig (Maroc); — il découvrait parmi elles des figurations répétées de grands ruminants aujourd'hui éteints et entièrement disparus du continent africain, *fossiles* (*Bubalus antiquus*) associés à des personnages armés de haches polies (*néolithique*), datant par conséquent la série des figurations des *grands animaux*.

En se basant sur l'ensemble des observations de ces différents auteurs et sur les plus récentes découvertes, on peut répartir en trois périodes les dessins et les inscriptions gravés sur les *Pierres écrites* : la première « préhistorique », la seconde « libyco-berbère », la troisième « musulmane ».

Voici les caractéristiques de chacune d'elles :

1º Période préhistorique. — Caractérisée par des images de grands animaux qui n'existent plus dans le pays, dont quelques espèces sont entièrement éteintes pour le continent africain : éléphants, rhinocéros (fossiles) bicornes, buffles à grandes cornes (*Bubalus antiquus*), à côté des·

quels sont figurés des chasseurs armés de flèches en silex et de haches polies (*néolithique*).

Les figurations en sont souvent artistiques et d'observation exacte ; les gravures sont en traits unis, profonds de 5 à 12 millimètres. — Patine noire.

2⁰ Période libyco-berbère. — Images accompagnées de signes d'écriture, les dessins tracés sans grâce et sans art et représentant, outre des personnages, des animaux existant encore de nos jours dans ces mêmes régions, ou simplement refoulés, plus au sud : cheval, dromadaire. On peut subdiviser la période libyco-berbère en deux sous-périodes, l'une archaïque ou protohistorique (?), l'autre libyco-berbère proprement dite.

Cette dernière atteint les temps récents, simultanément avec la suivante. Les traits peu profonds (1 à 3 millimètres) sont larges et POINTILLÉS, indécis, sans netteté, à patine grise ou jaunâtre et peu accusée; tous caractères différents des traits de la période qui précède.

3⁰ Période musulmane. — Elle comprend des inscriptions arabes, sans dessins, offrant des formules tirées du Qorân, des sentences, des invocations ou des noms propres. — Les patines qui recouvrent les gravures de ces diverses périodes offrent des différences très nettes : leur comparaison montre qu'il s'est écoulé un très long intervalle de temps entre la période *préhistorique* et la période *libyco-berbère*.

PÉRIODE PRÉHISTORIQUE

26. Personnage accroupi en posture d'adoration. — Mograr el Tathani. —Cercle d'Aïn-Sefra (Sud Oranais). — Pierre horizontale.

27 *a*. Scène à trois personnages dont l'un, la tête ornée de plumes, est porté sur les épaules du plus grand accroupi et paraît soutenir un enfant. Au-dessus se rattache à cette scène le personnage à posture d'adoration.

27 *b*. Personnage femme. — La tête est ornée de plumes auréolées, la taille ceinte d'une sorte de pagne. Mograr el Tahtani. — Cercle d'Aïn–Sefra (Sud Oranais). — Pierre horizontale.

28. Scène de chasse. — Homme armé d'un arc tirant une flèche (forme du silex taillé, pointe de flèche des ateliers néolithiques). — Un chien accompagne ce personnage. — Tyout, cercle d'Aïn-Sefra (Sud Oranais). — Pierre verticale.

29 *a*. Bosélaphe bubalis caractérisé par son garot élevé et ses cornes tordues. — Belle figuration. — Mograr el Tathani. — Cercle d'Aïn-Sefra (Sud Oranais). — Pierre horizontale.

29 *b*. Personnage femme (?). — Mograr el Tathani. — Cercle d'Aïn-Sefra (Sud Oranais). — Pierre horizontale.

29 *c*. Eléphant. — Mograr el Tathani. — Cercle d'Aïn-Sefra (Sud Oranais). — Pierre horizontale.

30. CONNOCHŒTES ? Gnu. — Partie postérieure de l'animal paraissant indiquer la représentation d'un mouvement de la queue. — Mograr el Tathani. — Cercle d'Aïn-Sefra (Sud Oranais). — Pierre horizontale.

31. CONNOCHŒTES (d'après A. Poncel, très vraisemblablement le Connochœtes prognu) — Deux petits échassiers d'espèce indéterminée. — Mograr el Tathani. — Cercle d'Aïn-Sefra (Sud Oranais). — Pierre horizontale.

32. GIRAFE (ou BICHE, d'après divers auteurs). — Mograr et Tathani. — Cercle d'Aïn-Sefra (Sud Oranais). — Pierre horizontale. — Au bas de la gravure, signes qui représentent sans doute des marques propres au graveur de cette figure.

33. ELÉPHANT, d'après l'estampage exécuté par M. A. Joly, professeur à la Medersa d'Alger — Annexe d'Aflou (El-Richer) Sud-Oranais. — Pierre verticale.

34. AUTRUCHE. — Ksar el Ahmar près Kéragda, Cercle de Géryville (Sud Oranais). — Pierre verticale.

35. TROUPEAU d'antilopes et troupe d'autruches, d'après l'estampage exécuté par M. A. Joly, Professeur à la Medersa d'Alger. — Annexe d'Aflou, environs d'El Richa (Sud Oranais). — Pierre horizontale.

36. DESSIN INDÉTERMINÉ. — Mezoued (?) (sac en peau de chèvre). — Mograr et Tathani. — Cercle d'Aïn Sefra (Sud Oranais). — Pierre horizontale.

37. DESSIN INDÉTERMINÉ. — Personnage ? — Mograr et Tathani — Cercle d'Aïn Sefra (Sud Oranais). — Pierre horizontale.

PÉRIODE LIBYCO - BERBÈRE

38.

1. Cavalier et sa monture.

2-6. Reproductions du précédent dessin.

3.   id.   mauvais.

4. Dromadaire.

5. Oiseau (outarde ?)

7. Oiseau-autruche.

8. Chacal ou chien.

L'ensemble de cet estampage, par son groupement, par sa disposition générale et surtout par l'orientation de ses figurations sans doute voulue. parait représenter une scène de chasse, une petite caravane ou une *harka* en marche.

     El Hadj Mimoun (Région de Figuig). La pierre dont provient cet estampage a été découverte par M. le Capitaine Boulle (1876) ; elle fait partie des collections du Musée du Louvre.

39. GRANDE PIERRE à *dessins*, à *signes* et à *lettres* peu déchiffrables. — Type très net de gravure de la période libyco-berbère.

1. Ne se lit pas.

2. 2 caractères Tifinagh (*iech*) avec, au centre, le caractère *ieb*.

3. Serpent *lefâa* (?) vipère à cornes.

4-5-6. Signes ou caractères intraduisibles.

7. Anneau ou *Tifinagh* (*ier*).

8. Croix à anneau.

9. Deux *Tifinagh* opposés (*iem*).

10. Tifinagh (*ieb*).

11-12. Tifinagh (*iel*).

La pierre qui a fourni cet estampage, découverte par
M. G. B. M. Flamand en 1892 à El Hadj Mimoun (région
de Figuig) Djenine Bou Resk (cercle d'Aïn Sefra), a été
envoyée en 1897 au Musée du Louvre.

40. CAVALIER sur sa monture. — Type caractéristique
de gravure rupestre de cette période. — El Hadj
Mimoun (Région de Figuig) Cercle d'Aïn Sefra
(Sud Oranais).

41. UNE MAIN. Dessin très fruste. — Annexe d'Aflou,
environs d'El Richa (Sud Oranais).

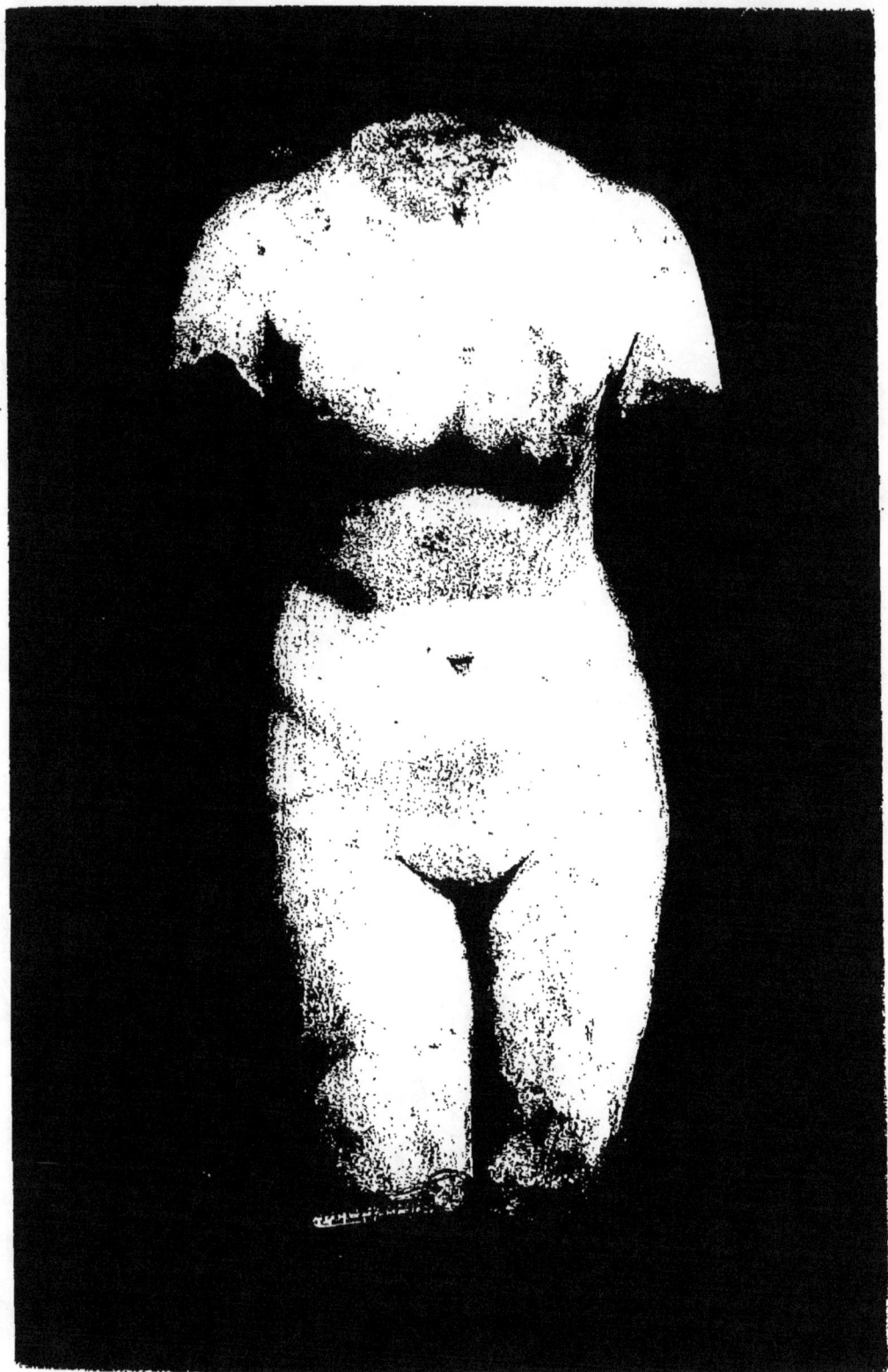

Nº 5

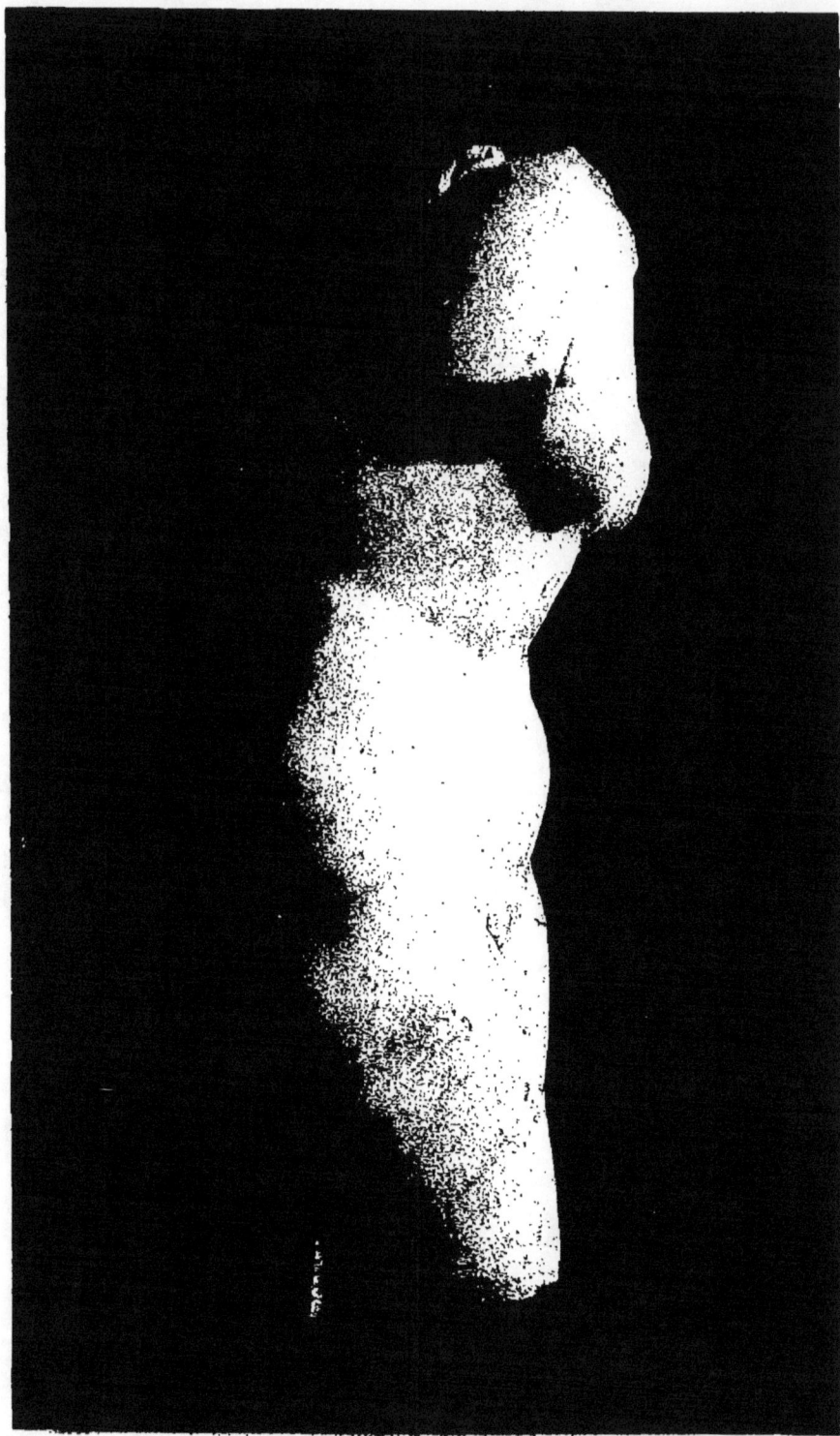

No 5

No 6

No 8

No 8

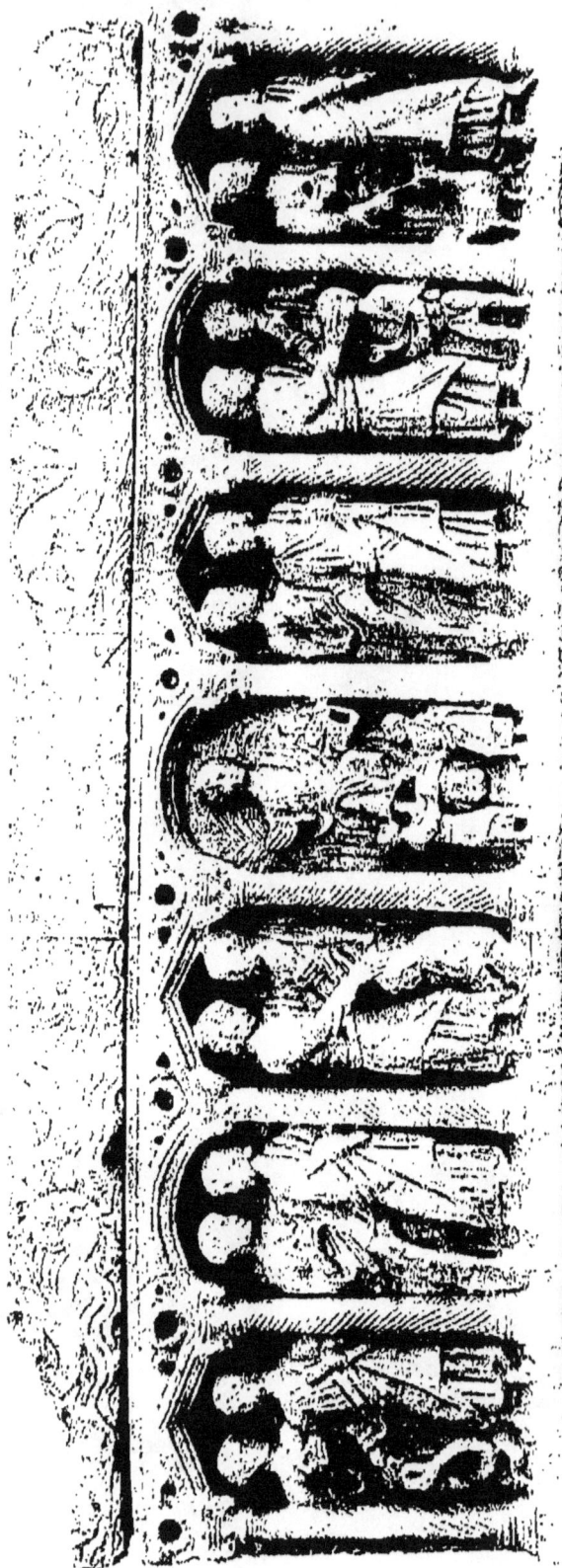

N⁰ 332

N° 312

STLIQVAEREQVENSFOVEASMEAMEMBRA LA VACRO

SALLE D'ARTS MUSULMAN

—

PÉRIODE MUSULMANE

PÉRIODE MUSULMANE

A

MARBRE, CALCAIRE, PLATRE, BOIS

ÉPIGRAPHIE MUSULMANE [1]

1. INSCRIPTION, caractères coufiques en relief : « Ceci est le tombeau d'Abou-Beker, fils d'Yousseff. » 512. — Marbre. — Provient de Bougie.

2. INSCRIPTION, caractères barbaresques en relief : « Ceci est le tombeau de l'homme qui avait un extrême besoin de la miséricorde divine, Messaoud, fils d'Abderrahman l'Algérien... » 715. — Marbre. — Provient de Bougie.

3. INSCRIPTION, caractères barbaresques en relief. Mention de Mami Raïs, qui a fait construire la Mosquée Sidi-Hadi, aujourd'hui démolie. 910. — Marbre.

4. INSCRIPTION, caractères barbaresques en relief ; était placée au-dessus de la porte de la Mosquée

_____

[1] On a compris dans cette série des monuments ou des fragments de monuments, dont la partie épigraphique a disparu ou a été omise.

des Chaouches. Il y est fait mention de Keir ed
Din et de son père Yacoub. 926. — Marbre.

5 et 5 *bis.* INSCRIPTION, caractères barbaresques en
creux du type andalou. Stèles de l'eunuque
Hassan Ara, kalifa de Kheir ed Din et défenseur
d'Alger contre Charles-Quint. L'autre stèle est
anépigraphe. 952. — Marbre.

6. INSCRIPTION turque, caractères orientaux. Mention
du Pacha Mohamed, fils de Salah Raïs. 975. —
Marbre. - Provient du fort des Vingt-Quatre Heures.

7. INSCRIPTION turque, caractères orientaux, datée par
un chronogramme et par des chiffres. Mention
d'Ahmed Pacha. 980. — Marbre.

8 et 8 *bis.* INSCRIPTION, caractères barbaresques en
relief. Stèles du tombeau d'un Hassan Pacha.
(Xe Siècle de l'Hégire ?). — Marbre.

9. INSCRIPTION, caractères barbaresques en relief.
Provient de la Mosquée de Sidi Abd er Rahman
el Tsalbi. Une copie, en partie inexacte du reste,
est suspendue près de la châsse. Epoque indéterminée. Pourrait être du onzième siècle de
l'Hégire. — Marbre.

10. INSCRIPTION turque, caractères orientaux en creux
remplis de plomb. Mention d'Hossaïn Pacha, ce
qui la place dans la première moitié du onzième
siècle de l'Hégire. D'après Devoulx, elle proviendrait du bordj Bab-el-Bahar. Sans date. — Marbre.

11. INSCRIPTION, caractères orientaux ; trace de couleurs
bleu, rouge et or. Etait au Palais de la Jénina. En
1817, le Pacha Ali emporta à la Casba le trésor, et
cette inscription était placée au-dessus de la porte
d'entrée de la chambre où l'on serrait le trésor.
(XIe Siècle de l'Hégire ?) — Marbre.

12. INSCRIPTION turque, caractères orientaux en relief. Mention de Mustapha Pacha. 1005. — Marbre.

13. INSCRIPTION, caractères orientaux en relief, sur double écusson. Elle était placée au-dessus de la porte sultane du vieux palais Jénina. On croit que cet écusson portait autrefois les armes d'Espagne. 1022. — Marbre.

14. INSCRIPTION, caractères barbaresques en relief. Elle était placée au-dessus de la porte dite de la Guerre Sainte. « …l'a achevée le maître Moussa, l'andalou, l'unique… » L'Andalou Moussa était en réputation comme ingénieur ; il avait fait d'importants travaux d'assainissement et d'embellissement à Alger. 1039. — Marbre.

15. INSCRIPTION, caractères barbaresques, jadis en creux remplis de plomb. Mention d'El-Hadj Ali Aga et d'Ismaïl Pacha. Date dans un chronogramme : 1080. — Marbre.

16. INSCRIPTION turque, caractères orientaux en relief dits *talik*. Mention du dey El-Hadj Ali et du Pacha Ismaïl. Elle était placée au-dessus de la porte d'entrée du « Fort des Anglais ». 1080. — Marbre.

17. INSCRIPTION, caractères orientaux en creux remplis de plomb. Provient, d'après Devoulx, de la Mosquée Djama Ketchawa. Mention de Hassan Pacha. (XIIe Siècle de l'Hégire). — Marbre.

18. INSCRIPTION, caractères orientaux en relief. Mention de l'édification d'une mosquée de deuxième ordre *(Mesdjij)*, par Chaban Dey qui fut étranglé en 1106. 1105. — Marbre.

19. INSCRIPTION, caractères barbaresques en relief. Stèle, ornementation au revers. Berbrugger a établi que cette épitaphe devait être celle d'Ouzoun Hassan qui enleva Oran aux Espagnols le 20 janvier 1708. 1112. — Marbre.

20. INSCRIPTION turque, caractères orientaux en relief. Elle devait rappeler la construction du local à l'usage des lutteurs *(Meguarchia)*. « ...il l'a établi comme un bienfait à l'usage des gens de l'arène». 1116. — Marbre.

21. INSCRIPTION turque, caractères orientaux en relief. « Celui de nos beys... qui prendra la fuite en emportant le tribut, aura la tête pilée dans un mortier...» 1122. — Marbre.

22. INSCRIPTION turque, caractères orientaux en relief. Décret relatif à la disposition des biens des janissaires tués ou captifs. 1122. — Marbre.

23. INSCRIPTION turque, caractères orientaux en relief. Mention de Soukali Ali Dey. 1123. — Marbre.

24. INSCRIPTION caractères orientaux en relief. Mention de Ali Dey Ebn Hossaïn Soukali. 1123. — Marbre.

25. INSCRIPTION, caractères barbaresques en creux remplis de plomb. Provient de l'ancienne caserne K'harratin. 1125. — Marbre.

26. INSCRIPTION, caractères barbaresques en creux remplis de plomb. Au milieu de la plaque, un sceau de Salomon, également gravé en creux rempli de plomb. 1125. — Marbre.

27 et **27** *bis*. INSCRIPTION, caractères orientaux en relief. Stèles d'Arekia bent el Hadj Ahmed ben Abd el Letif. Ornements sculptés au revers. 1128. — Marbre.

28. INSCRIPTION, caractères orientaux en relief. —

Marbre. — Provient de la grande Mosquée de
Médéa. 1127.

29. INSCRIPTION turque, caractères orientaux en relief.
Stèle de Sliman ben Mohammed, qualifié de martyr, probablement tué ou blessé dans une
rencontre en mer contre des Chrétiens ; il était
capitaine de navire. 1135. — Marbre.

30 et **30** *bis.* INSCRIPTION, caractères orientaux en
relief. Stèles d'Abdi Pacha. 1145. — Marbre.

31. INSCRIPTION, caractères orientaux en relief. Stèles
d'Ibrahim Pacha. Ornements sculptés au revers.
1158. — Marbre.

32. INSCRIPTION, caractères en relief, se rapprochant
du type oriental. Stèle de forme cintrée. Profession de foi mentionnant Abd Allah. 1162. —
Ardoise.

33. INSCRIPTION, caractères orientaux en relief, relative
à une réparation de fontaine. 1162. — Marbre.

34. INSCRIPTION, caractères orientaux en relief. Mention
de Mohammed Pacha ben Beker. 1163. — Marbre.

35. INSCRIPTION turque, caractères orientaux en relief,
relative à la réparation des magasins de l'*Achour*,
impôt en nature sur les céréales. Mention de
Mohammed Pacha. Le bas a été brisé par un
projectile. 1165 environ. — Marbre.

36. INSCRIPTION, caractères orientaux en creux remplis
de plomb. Stèle d'El-Hadj Hassan. 1165. — Marbre.

37. INSCRIPTION, caractères orientaux en relief. Stèle
de Mohammed Pacha ben Beker. Au revers fleurs
sculptées. 1168. — Marbre.

38. INSCRIPTION, caractères orientaux en relief. Stèle
de Soultana, fille d'Abdi-Pacha. 1171. — Marbre.

39. INSCRIPTION turque, caractères orientaux en relief. Mention du pacha Ali. Cette inscription se rapporte probablement à une fontaine placée rue Médée, à la hauteur de la rue de la Lyre. 1174. — Marbre.

40. INSCRIPTION, caractères turcs en relief. Provient de la fontaine de la Zaouïa, dite *El-Kechchache*, rue des Consuls. 1176. — Marbre.

41. INSCRIPTION, caractères orientaux en relief. De forme cintrée. « L'abondance de cette fontaine est l'œuvre d'Ali Pacha... » 1176. — Marbre.

42. INSCRIPTION, caractères orientaux en relief. Elle était placée sur le pont de l'Harrach, non loin de son embouchure. 1149. — Marbre.

43. INSCRIPTION, caractères orientaux en creux remplis de plomb. Mention d'Ali Pacha. 1176. — Marbre.

44. INSCRIPTION, caractères orientaux en creux remplis de plomb. Commémoration d'un édifice inconnu élevé par Ali Pacha. 1178. — Marbre.

45. INSCRIPTION turque, caractères orientaux en relief. Provient d'une fontaine. Mention de Mohammed Pacha ben Osman. 1180. — Marbre.

46. INSCRIPTION à deux faces. Caractères en creux remplis de plomb. Provient de la Mosquée d'Ali Pacha. 1182. — Marbre. — *Don du Génie.*

47, 47 *bis.* INSCRIPTION en caractères orientaux en relief. Stèles de Fatma bent Amina bent Ali Pacha. Le revers de chacune des deux stèles est orné d'une composition décorative sculptée. 1182. — Marbre.

48. INSCRIPTION, caractères orientaux en relief. Constate la restauration qu'Ibrahim ben Ismaël fit exécuter

dans la chambre qu'il habitait à la caserne des
Janissaires, qui devint plus tard le Lycée. Cette
caserne est aujourd'hui démolie. 1183. — Marbre.

49. INSCRIPTION, caractères orientaux en creux remplis de plomb. Restauration d'un monument
inconnu par Ahtchi Ali ben Moustapha. 1184. —
Marbre.

50. INSCRIPTION, caractères barbaresques en relief.
Relative à la construction d'un fort sous l'émir
des croyants Abou Ali Abou el Hossaïn. 1197. —
Marbre. .

51. INSCRIPTION, caractères orientaux en relief. Relative
à des travaux effectués dans sa chambre, par
Atchi Hossaïn. 1205. — Marbre.

52. INSCRIPTION, caractères orientaux en relief. Stèle
du beït-el-maldji El-Hadj Ali. 1207. — Marbre.

53. INSCRIPTION, caractères orientaux en creux remplis
de plomb. — Provient de la Mosquée Ketchawa.
Mention de Hassan Pacha. Elle indique l'achève-
ment des travaux de cette mosquée, aujourd'hui
la Cathédrale. 1207. — Marbre.

54 *et* **54** *bis*. INSCRIPTION, caractères orientaux en relief.
Stèles de Fatma bent Abd Allah. « Ceci est le
tombeau de celle... qui avait été dérobée (à tous
les regards)... morte en couches, déçue dans son
espérance (de mère) ». 1211. — Marbre.

55. INSCRIPTION, caractères orientaux en creux remplis
de plomb. Relative à un embellissement des
chambres de la caserne Bab-Azoun, par Hassan-
Pacha. 1211. — Marbre.

56. INSCRIPTION, caractères orientaux en relief. Mention de Hassan ben Khelil. Doit provenir de la

Mosquée Djama el Ahmar à Médéa. 1213. —
Marbre.

57. INSCRIPTION, caractères orientaux en relief. Mention
de Sliman, ancien Khodjet el Khil (écrivain aux
chevaux). 1216. — Marbre.

58. INSCRIPTION turque, caractères en creux remplis
de plomb. — Provient du Fort Bordj-Djedid,
plus tard caserne Pélissier, aujourd'hui démolie.
1217. — Marbre. — *Don du Génie.*

59. INSCRIPTION, caractères orientaux en relief. Relative
à une fontaine élevée par Moustapha Khaznadji
Kazdali. 1218. — Marbre.

60. INSCRIPTION turque, caractères en creux remplis
de plomb. Mention de Mustapha Pacha. — Provient du Fort Bab-Azoun. 1219. — Marbre. —
Don du Génie.

61 *et* **61** *bis*. INSCRIPTION, caractères orientaux en relief.
Ornementation au revers de deux stèles de Mus-
tapha Pacha. 1220. — Marbre.

62. INSCRIPTION, caractères orientaux en creux remplis
de plomb. Relative à la deuxième reconstitution
de la grande porte de Jénina. 1227. — Marbre.

63. INSCRIPTION, caractères orientaux en relief. Stèle
d'Ali, fils d'Ali, fils d'El-Hadj Hossaïn. 1229. —
Marbre.

64. INSCRIPTION, caractères orientaux en relief. Stèle
en forme de colonne, surmontée du turban à
petits plis des Oulémas, d'El-Hadj Ali Pacha,
étranglé dans son bain en 1215. Le dernier chiffre
de la date n'est pas indiqué par suite de la
faute du lapicide qui, au lieu de 123., avait mis
122.. 1230. — Marbre.

65. INSCRIPTION, caractères orientaux en relief. Relative à la reconstitution de la batterie du Bordj-el Goumen (à la Marine). Mention d'Ómar Pacha. 1231. — Marbre.

66. INSCRIPTION, caractères orientaux en creux remplis de plomb. Mention de Hossaïn Pacha. 1233. — Marbre.

67. INSCRIPTION, caractères orientaux en relief. Provient du Fort Neuf de la Pointe Pescade. Mention d'Hossaïn Pacha. 1239. — Marbre.

68. INSCRIPTION, caractères orientaux en relief. Stèle de Mohammed, fils de Mustapha. 1234. — Ardoise.

69. INSCRIPTION turque, caractères orientaux en relief. Relative à la grande fontaine de Médéa, bâtie par Hamed Kodja. 1238. — Marbre.

70. INSCRIPTION turque, caractères orientaux en creux remplis de plomb. Mention d'un seigneur Ibrahim Aga, le Bakeraoui. (Cette inscription avait été acquise en 1852 par Berbrugger comme provenant de Constantine. Le nom du personnage dont il est question n'a pas été retrouvé par Devoulx) 1243. — Marbre.

71. INSCRIPTION en relief, caractères se rapprochant du type oriental. Stèle de Ramdan ben Kelila. 1251. — Ardoise.

72. INSCRIPTION, caractères orientaux en relief. Relative à des réparations faites à la Mosquée el Hammamats et Abd Errahim, par Ali, fils d'Hamed en Nedjar, chaouch de Sidi Mohammed ech Chériff. 1255. — Marbre.

73. INSCRIPTION turque, caractères orientaux en creux

remplis de plomb. Embellissement d'une chambre de la caserne Bab-Azoun par l'agha des Arabes, Ibrahim Agha. 1243. — Marbre.

74. INSCRIPTION turque, caractères orientaux en creux remplis de plomb. Elle a été en partie mutilée par un fanatique au moment de l'enlèvement. La corniche, sur laquelle elle a été gravée, parait provenir d'un monument de l'époque romaine. Elle appartenait, d'après Devoulx, à la Mosquée dite de la Pêcherie. Epoque incertaine ; le chronogramme n'a pas été déchiffré. — Marbre.

75. INSCRIPTION en creux composée de dix fragments. Epitaphe de Mohammed ben Abd Allah et Tebib. Provient d'un monument, aujourd'hui détruit, connu sous le nom de El Merabot Ettebib (le marabout médecin). — Marbre.

76. INSCRIPTION caractères en relief. Partie supérieure d'une stèle avec profession de foi. — Marbre.

77. INSCRIPTION, caractères barbaresques en relief. Partie supérieure d'une stèle avec profession de foi. — Marbre.

78. INSCRIPTION, caractères barbaresques en relief. Stèle, ornementation au revers. Profession de foi. — Marbre.

79. INSCRIPTION, caractères orientaux en relief. Fragment de colonnette. — Marbre.

80. INSCRIPTION, caractères orientaux en relief. Stèle avec profession de foi. — Marbre.

81. INSCRIPTION, caractères andalous en relief. Stèle avec profession de foi. — Marbre.

82. INSCRIPTION turque, caractères orientaux en creux remplis de plomb. Mention de Ibrahim ben Khelil. — Marbre.

83. INSCRIPTION, caractères orientaux en creux remplis de plomb. Provient de la Mosquée Ketchawa. — Marbre.

84. INSCRIPTION, caractères orientaux en relief. Stèle surmontée d'un croissant avec profession de foi. — Marbre.

85. INSCRIPTION, caractères orientaux en creux, en forme de disque. Stèle de Fatma, épouse du Caïd Mohammed. — Marbre.

86. STÈLE avec arabesques, sans inscription. — Marbre.

87. STÈLE avec arabesques, sans inscription. — Marbre.

88. MARBRE tumulaire de petite dimension, de forme barlongue arrondie à la partie supérieure. Inscription fruste. Seul exemple trouvé à Alger de tombe tunisienne. — Marbre.

89. INSCRIPTION, caractères orientaux en relief. Colonnette avec turban de pacha. — Marbre.

90. INSCRIPTION, caractères orientaux en relief. Stèle avec profession de foi. — Marbre.

91. INSCRIPTION, caractères orientaux en relief. Stèle. — Marbre.

92. INSCRIPTION, caractères orientaux en relief. Stèle avec fleurs sculptées au revers. — Marbre.

93. INSCRIPTION, caractères orientaux en relief. Colonnette avec profession de foi. — Marbre.

94. INSCRIPTION, caractères orientaux en relief. Colonnette octogone avec profession de foi. — Marbre.

95. INSCRIPTION, caractères barbaresques en relief. Mention d'un nommé Ahmed fils d'El Aïd... fils de Mami Kahia... — Marbre.

96. INSCRIPTION, caractères barbaresques en relief. Stèle. — Marbre.

97. INSCRIPTION, caractères barbaresques en relief. Mention d'un nommé Mustapha, fils de Redjeb. — Marbre.

98. INSCRIPTION, caractères barbaresques en relief. Partie supérieure d'une stèle. Mention de Fatma, fille du caïd Ali. — Marbre.

99. INSCRIPTION, caractères orientaux en relief. Deux stèles. Mention d'Ibrahim, fils du khodja du Pantchek, fonctionnaire chargé de la liquidation et de la distribution des captures faites par les corsaires. — Ardoise.

100. INSCRIPTION, caractères orientaux en relief. — Marbre.

101. INSCRIPTION, caractères barbaresques en relief. Stèle brisée en partie. Profession de foi. — Ardoise.

102. INSCRIPTION, caractères barbaresques en relief. Débris de stèle. Mention de Hadj Mustapha, fils de... Ali... — Ardoise.

103. INSCRIPTION, caractères orientaux en relief. Partie supérieure d'une stèle. Profession de foi. - Ardoise.

104. INSCRIPTION, caractères orientaux en relief. Stèle. Profession de foi. — Ardoise.

105. STÈLE en forme de colonne terminée par la figuration d'une coiffure indigène. Inscription en caractères coufiques en relief. XIVe Siècle ? — Marbre. — Provient de Tunisie.

106. STÈLE de forme semblable au n° 105. Inscription en caractères coufiques en relief dont une partie a été supprimée pour faire place à une autre inscription en caractères *Neski* en creux. XIVe Siècle ? (1) — Marbre. — Provient de Tunisie.

107. STÈLE de forme semblable aux nos 114, 115. Inscription en caractères coufiques en relief, dont une partie a été supprimée pour faire place à une autre inscription en caractères *Neski* en creux. XIVe Siècle ? — Marbre. — Provient de Tunisie.

108. STÈLE de forme semblable aux nos 114, 115, 116. L'inscription, qui devait être semblable à celles des trois monuments qui précèdent, a été complètement enlevée pour permettre la gravure d'une autre inscription en caractères *Neski* en creux. — Marbre. — Provient de Tunisie.

109. FRAGMENT DE STÈLE, sans inscription. — Ardoise.

110. FRAGMENT DE STÈLE, sans inscription. — Ardoise.

111. INSCRIPTION en caractères coufiques : « Au nom de Dieu ». — Provient de Bougie. — XIIe Siècle. — Plâtre sculpté *(naqcha hadida)*.

112. SIX CARTOUCHES de forme triangulaire. Inscriptions ornemanisées, caractères en relief :

    1. Allah, enrichis-nous.
    2. Mohamed, le salut soit sur lui.
    3. Abou Beker le sincère.
    4. Omar qui distingue le bien du mal.
    5. Hassan, que Dieu soit satisfait de lui.
    6. Hossaïn, que Dieu soit satisfait de lui.

---

(1) L'année indiquée est celle de l'hégire. — Pour éviter toute confusion, la désignation du siècle se rapporte à l'ère chrétienne.

Provient du Dar el Bey, de Constantine. XVIIe
Siècle. — Plâtre sculpté *(naqcha hadida)*. — *Don
de M. E. Bigonnet.*

113. TURBAN ayant surmonté une stèle en forme de
colonne. — Style magrebin. XVe Siècle? — Marbre.

114. TURBAN de Bach-Aga ayant eu la même destination
que le numéro précédent. — Marbre.

115, 115 *bis* et **115** *ter.* TROIS TURBANS, provenant de
tombeaux. — Marbre.

116. DÉBRIS de stèle sans inscription. — Marbre.

117. DÉBRIS de stèle avec caractères en creux dont le
plomb a été enlevé. — Marbre.

118. DEUX DJENABIA, ou parties latérales de sépulture.
— Marbre.

119. DEUX DJENABIA. — Marbre.

120. FRAGMENT de djenabia décoré de rinceaux. —
Marbre.

121. FRAGMENT de djenabia avec inscription. — Marbre.

122. STÈLE, plaque de forme arrondie, sur laquelle est
sculptée une palme décorée. Style magrebin.
XVe Siècle ? — Calcaire.

123. ENCADREMENT d'inscription, de forme rectangulaire,
orné de rinceaux. — Ardoise.

124. ENCADREMENT semblable au n° 123.

125. INSCRIPTION du fort turc de Cherchel, mention de
Aroudj ben Yak'oub, le premier Barberousse.
924. — Marbre (musée de Cherchel). — Moulage.

126. INSCRIPTION, provenant de la grande mosquée
d'Oran. 1210. — Marbre (musée d'Oran). —
Moulage.

ÉPIGRAPHIE HÉBRAÏQUE

---

127. GRANDE PIERRE TOMBALE. Inscription, caractères
en creux au milieu d'un arc moresque également
tracé en creux ; dans les tympans de l'arc et à sa
base, ornements tracés. Epitaphe de Saada,
épouse de Nathan Narboni. 1684. — Provient de
l'ancien cimetière Ribash (rempart Bab-el-Oued).
— Marbre. — *Don de M. Paysant, trésorier-payeur.*

128. GRANDE PIERRE TOMBALE, dont il ne reste qu'une
partie du côté gauche. Caractères en relief,
soulignés par une barre. Ornements dans l'ouverture d'un arc. Mention d'un jeune homme.
1731. — Marbre.

129. PIERRE TOMBALE en forme de toit. Inscription, caractères en relief sur les deux grands côtés, encadrée d'une bordure de rinceaux en relief. Epitaphe
de Abraham Bolhin. 1751. — Provient du cimetière
Ribash. — Marbre. — *Don de M. Paysant, trésorier-payeur.*

130. PIERRE TOMBALE en forme de toit. Inscription, caractères en creux sur une face ; sur l'autre, un lion
rampant en relief, accosté d'une lampe et de
l'aiguière des lévites, gravées en creux. Les deux
registres sont encadrés d'une bordure de rinceaux. Epitaphe de Samuel Levi Valensi. 1756.
Provient du cimetière Ribash. — Marbre. — *Don
de M. Nusillard.*

131. PIERRE TOMBALE. Inscription gravée en creux, sur une des faces d'une pierre prismatique, dont les deux autres faces portent chacune le tracé d'un cadran solaire de l'époque romaine. Epitaphe de Chalom, fils de Abraham Cohen Bacri, jeté dans un puits par des Arabes. 1779. — Marbre.

132. PIERRE TOMBALE en forme de toit. Inscription, caractères en relief, d'un côté en hébreu, de l'autre la traduction en espagnol. Epitaphe de Isaac Lopez. 1780. — Marbre.

133. PETITE PIERRE PLATE. Inscription, caractères en creux. Epitaphe de Simon Machetout. 1799. — Marbre.

134. PETITE PIERRE TOMBALE en forme de toit. Inscription, caractères en creux sur les quatre faces. Epitaphe de Aaron, fils de Nathan Karkous. 1835. — Marbre. — *Don de M. Antoine Urios.*

135. PIERRE TOMBALE. Inscription, caractères en creux, dont il ne reste que la dernière lettre de chaque ligne. La pierre a été complètement usée par le repassage de couteaux. XVIII⁰ siècle? — Marbre. — *Don de M. Nusillard.*

136. FRAGMENT d'une plaque tombale. Inscription fruste, caractères en creux. — Calcaire.

MONUMENTS DIVERS

137. COLONNE avec son chapiteau. Provient de la Medersa Tachfina à Tlemcen. — Style magrebin. XIV⁰ siècle. — Marbre onyx.

138. DEUX COLONNES et deux demi-colonnes. Chapiteaux à feuillage refendu et retombant. — Proviennent de la mosquée de Ketchawa. — Travail italien. XVIIIᵉ siècle. — Marbre.

139. CHAPITEAU formé de deux bouquets de feuillage reliés en sens contraire. Trouvé près du tombeau de Barchichat (Fouilles du rempart Bab-el-Oued). — Style hispano-moresque, XVIᵉ siècle. — Marbre.

140. CHAPITEAU de pilier, cubique, décoré d'entrelacs différents sur chaque face. — Style magrebin. XVIIᵉ siècle. — Marbre.

141. PETIT CHAPITEAU à volutes. — Style magrebin. — Granit.

142. COLONNE torse sortant d'une gaine à huit pans terminés en pointe. Chapiteau composite. — Provient du Palais de la Jénina. — Travail italien. XVIIIᵉ siècle. — Marbre.

143. CHAPITEAU composite. — Travail italien. XVIIIᵉ siècle. — Marbre.

144. DEUX PETITS CHAPITEAUX à doubles volutes. — Proviennent de la mosquée de Ketchawa, aujourd'hui la Cathédrale. — Style magrebin. XVIIIᵉ siècle. — Marbre.

145. PETIT CHAPITEAU à volutes. — Même provenance et même style que le numéro précédent. — Marbre.

146. DEUX COLONNES torses et leurs chapiteaux. — Style magrebin. XVIIIᵉ siècle. — Marbre.

147. PILASTRE décoré d'un vase d'où sortent de grandes feuilles et des fleurs. — Travail italien. XVIIᵉ siècle. — Marbre.

148. DEUX PILASTRES décorés de feuillage et de fleurs. — Style magrebin. XVIIIᵉ siècle. — Marbre.

149. ENCADREMENT de porte, décoré de rinceaux. — Style magrebin. XVIIIᵉ siècle. — Marbre.

150. LINTEAU de porte décoré de rinceaux. — Style magrebin. XVIIIᵉ siècle. — Marbre.

151. LINTEAU de porte décoré d'un rinceau. — Style magrebin. XVIIIᵉ siècle. — Marbre.

152. PIED-DROIT ORNÉ. — Style magrebin. XVIIIᵉ siècle. — Marbre.

153. PIED-DROIT ORNÉ. — Style magrebin. XVIIIᵉ siècle. — Marbre.

154. FRAGMENTS du Mimber de la mosquée de Ketchawa, transformé en chaire à prêcher pour la cathédrale St-Philippe : Arcature décorée d'un rinceau *reliévé*, en marbre blanc, s'appliquant sur un fond de brèche jaune ; rampe à balustres entrelacés. — Travail italien. XVIIIᵉ siècle. — Marbre.

155. VASQUE godronnée. — Marbre.

156. CRAPAUDINE de porte. — Pierre.

157. DEUX ECOINÇONS ORNÉS. — Style magrebin. — Marbre.

NAQCHA HADIDA

158. FRAGMENTS divers de plâtres sculptés. (A l'exception d'un seul envoyé à Alger en 1852, tous ces fragments ont été recueillis par M. Paul Blanchet,

pendant la mission qui lui avait été confiée par
M. le Gouverneur général en avril 1898). XIᵉ siècle?
— Proviennent de Sedrata d'Ouargla.

159. FRAGMENT d'une inscription en caractères coufiques.
Probablement du XIIIᵉ siècle. — Provient de
Bougie. — Plâtre sculpté.

160. ARC POLYLOBÉ, décoré d'un réseau dérivé de l'hexagone. XIVᵉ siècle. Marabout de Sidi Abdoun. —
Biskra. — Plâtre sculpté.

161. SIX CARTOUCHES ; au milieu d'entrelacs, les noms
de : Allah, Mohamed, Abou Bekr, Omar, Hassan,
Hossein. (Le cartouche portant le nom d'Ali a été
brisé et n'a pu être reconstitué). XVIIᵉ siècle. —
Proviennent du Dar-el-Bey de Constantine. —
Plâtre sculpté. — *Don de M. E. Bigonnet.*

162. FRISE ; décor de lambrequins. XVIIᵉ siècle. —
Palais du Bardo, Tunis. — Plâtre sculpté.

163. FRAGMENT de voussure ; décor de rais de cœur
entourés d'entrelacs. XVIIᵉ siècle. — Palais du
Bardo, Tunis. — Plâtre sculpté.

164. FRAGMENT de frise ; décor de lambrequins. XVIIIᵉ
siècle. — Palais du Bardo, Tunis. — Plâtre
sculpté.

165. PETIT FRAGMENT de frise ; décor de lambrequins.
XVIIIᵉ siècle. — Palais du Bardo, Tunis. — Plâtre
sculpté.

166. FRAGMENT de voussure ; décor de pommes de pin
entourées d'entrelacs. XVIIIᵉ siècle. — Palais du
Bardo, Tunis. — Plâtre sculpté.

167. TYMPAN d'un arc ; décor polygonal dérivé du triangle, recoupé d'un réseau d'entrelacs curvilignes en relief. XVIII⁰ siècle. — Palais du Bardo, Tunis. — Plâtre sculpté. (¹)

BOIS

168. PARTIE D'UN ESCALIER de « Mimber » exécutée sur le plan de M. Omar ben Smaïa et décorée par lui d'entrelacs et de fleurs sculptés. Au-dessus de la porte est écrit : « Montez sur cette tribune, vous y verrez une collection de belles choses et vous remercierez le temps d'avoir conservé les restes de l'antiquité. » Sur le panneau : « Des roses fleuries dans de gracieux jardins ». « La volonté de Dieu s'est faite et se fera ». — *Don de M. Omar ben Smaïa.*

169. PLAFOND en bois découpé et sculpté, peint et doré. Provient de l'Exposition de l'Algérie, à Paris, en 1867. — Travail algérien.

170. DEVANTURE d'une boutique de barbier (qui se trouvait à Alger, rue Kléber, à l'angle de la rue Staouéli) : Une arcature surmontée de quatre panneaux rectangulaires en treillis latté, découpés et sculptés et de trois panneaux avec décor magrebin ajouré, volets à compartiments. — XVII⁰ siècle. — Style Magrebin.

171. FRAGMENT d'une corniche en stalactites. XVII⁰ siècle. — Palais du Bardo à Tunis.

(1) Ces monuments ont pu être acquis grâce à la bienveillance de la Direction des Antiquités et des Arts de Tunisie.

172. FRAGMENT d'une corniche ; entrelacs supportés par une petite arcature, découpés et appliqués sur la boiserie. XVIIᵉ siècle. — Tunis.

173. FRAGMENT d'une corniche en stalactites. Influence du style rococo turc. XVIIIᵉ siècle. — Palais du Bardo à Tunis.

174. ARMOIRE à une porte, ornée au centre d'une rosace dodécagonale, découpée et appliquée. XVIIIᵉ siècle. — Maroc.

175. ARMOIRE à une porte, composée : en haut d'une ouverture, en bas de petits caissons peints, et encadrée d'un treillis latté ajouré ; corniche de stalactites ; côtés ornés d'entrelacs peints. XVIIIᵉ siècle. — Maroc.

176. COMMODE décorée de peintures et d'application de tapisserie dorée. Sur la partie antérieure, tiroirs encadrés d'ornements en relief ; sur les trois autres côtés, vues de Constantinople, agrémentées de bouquets de fleurs peints et de trophées dorés. XVIIIᵉ siècle. — Style rococo turc.

177. PETITE TABLE BASSE (maïda), ornée de peintures. — Travail algérien.

178. PETITE TABLE BASSE, peinte. — Travail algérien.

179. TABLE BASSE, peinte, à galerie ajourée, dessus en marbre. — Travail algérien.

180. BERCEAU décoré à sa partie supérieure d'une arcature ajourée et sur les panneaux de cercles en relief dans lesquels sont inscrits des ornements cruciformes. — Ancien travail kabyle.

181. BERCEAU orné de peintures sur les panneaux et d'une galerie ajourée à la partie supérieure ; à la tête du berceau l'inscription en caractères dorés « *la Souveraineté de Dieu* » forme la main de Fathma. — Travail indigène.

182. DEUX ÉTAGÈRES (merdfa), peintes. — Travail indigène.

183. DEUX ÉTAGÈRES d'encoignure, peintes et dorées. Travail indigène.

184. UN PORTE-MANTEAU peint. — Travail indigène.

185. PORTE-CORAN gravé (M'Ktouba). — Travail kabyle.

186. PARTIE d'une marque à pâtisserie (Tabaâ) de forme prismatique ; décor géométrique gravé sur les trois côtés. — Travail indigène.

187. MARQUE A PATISSERIE, rectangulaire. Décor en deux compartiments. — Travail indigène.

188. MARQUE A PATISSERIE, rectangulaire. Décor en trois compartiments. — Travail indigène.

189. MARQUE A PATISSERIE, rectangulaire. Décor en quatre compartiments. — Travail indigène.

190. MARQUE A PATISSERIE, rectangulaire, avec poignée. Décor en quatre compartiments. — Travail indigène.

191. MARQUE A PATISSERIE, rectangulaire. — Décor en cinq compartiments. — Travail indigène.

192. MARQUE A PATISSERIE, rectangulaire, avec poignée. Décor en trois compartiments. — Travail indigène.

193. MARQUE A PATISSERIE, rectangulaire, avec poignée. Décor en trois compartiments. — Travail indigène.

194. MARQUE A PATISSERIE, en forme de cachet, avec poignée décorée d'un rinceau circulaire. Cachet représentant une tulipe. — Travail oriental.

195. MARQUE A PATISSERIE, en forme de cachet, avec poignée. — Travail indigène.

196. MARQUE A PATISSERIE, en forme de cachet, avec poignée. — Travail indigène.

197. MARQUE A PATISSERIE, en forme de cachet, avec poignée. — Travail indigène.

198. MARQUE A PATISSERIE, en forme de cachet, avec poignée. — Travail indigène.

199. MARQUE A PATISSERIE, en forme de cachet, avec poignée. — Travail indigène.

200. MARQUE A PATISSERIE, en forme de cachet, la poignée a disparu. — Travail indigène.

201. MARQUE A PATISSERIE, en forme de cachet, avec poignée. — Travail indigène.

202. MARQUE A PATISSERIE, en forme de cachet, poignée ajourée, incomplète. — Travail indigène.

203. MARQUE A PATISSERIE, en forme de cachet, avec poignée. — Travail indigène.

204. MARQUE A PATISSERIE, en forme de cachet, la poignée a disparu. — Travail indigène,

205. MARQUE A PATISSERIE en forme de cachet, avec poignée. — Travail indigène.

206. Marque a patisserie, en forme de cachet, avec poignée. — Travail indigène.

207. Marque a patisserie, en forme de cachet, avec poignée découpée en losange. — Travail indigène.

208. Marque a patisserie, en forme de cachet, avec poignée. — Travail indigène.

209. Marque a patisserie, en forme de cachet, avec poignée. — Travail indigène.

210. Six Marques a patisserie, en forme de cachet, avec ou sans poignée. Décor rudimentaire. — Travail indigène.

211. Rouleau a patisserie, croix au milieu d'un ornement géométrique. — Provient de l'Exposition permanente de l'Algérie.

212. Gobelet en forme de cornet aplati, décoré d'ornements géométriques formés par des incrustations de nacre et d'os. — Ancien travail kabyle.

213. Trente et un ustensiles de ménage : Vases a eau et a lait, Cuillers, Mortiers (Méharez) Plats (Metered). Proviennent de l'ancienne Exposition permanente de l'Algérie. — Fabrication kabyle.

214. Sept Paires de Sabots gravés (Kob-Kob). — Proviennent de l'ancienne Exposition permanente de l'Algérie. — Fabrication des Beni-Mançour, Beni-Raten, Beni-Fraoucen, etc.

215. Ecritoire Portatif. — Fabrication kabyle.

216. Passe-lacet pour serrer le cordon qui retient la culotte. — Travail kabyle.

217. Gratte-Dos. — Travail kabyle.

218. GRATTE-DOS en forme de grande cuiller. Sur la partie interne de la coquille est gravé le sceau de Salomon ; le manche est orné d'une torsade et à son extrémité est figuré un monument religieux surmonté d'un croissant en ivoire. — Travail indigène.

219. GRATTE-DOS, sculpté. Semblable au n° 218. — Travail indigène. — *Don de M. Famin.*

220. SERRURE EN BOIS. — Djebel Amour.

MARQUETERIE

221. PETIT MEUBLE à tiroirs ; marqueterie d'ivoire, d'écaille et de nacre. — Travail tunisien.

222. TABOURET (Kourci) à six pans ; applications de nacre et d'écaille. — Ancien travail indigène.

223. TABOURET (Kourci) à six pans, incrustations de nacre et d'écaille. — Ancien travail indigène.

224. MIROIR (Meraya) de forme ronde, avec manche, incrustations de nacre et d'écaille. XVIII· siècle. — Tunis.

225. MIROIR de forme ronde, avec manche, incrustations de nacre et d'écaille. XVIII· siècle. — Travail indigène.

226. MIROIR de forme ronde, avec manche, recouvert de nacre gravée. XVIII· siècle. — Travail indigène.

227. Une paire de KOB-KOB (Sabots) ; bois recouvert de nacre. — Travail oriental.

228. Deux Porte-Turbans ; marqueterie de nacre et d'écaille. — Travail algérien.

229. Porte-Coran (M'Ktouba) ; bois de cèdre incrusté de nacre. — Travail oriental.

230. Métier a broderie ; incrustations de nacre. XVIII· siècle. — Travail algérien.

231. Montant d'un Métier a broderie, orné d'un placage d'ivoire sculpté. XVIIIe siècle. — Travail Tunisien.

MOULAGE

232. Fragments de la boiserie du Mimbar de la mosquée de Sidi Okba à Kairouan. Moulage sur un estampage pris par M. Etienne Masson. Xe siècle. — *Don de M. Étienne Masson.*

B

MÉTAL

---

1. PLATEAU gravé, orné du sceau de Salomon entouré de vases et d'une représentation de Sainte-Sophie. XVIIᵉ siècle. — Travail turc. — Cuivre.

2. PLATEAU gravé : sceau de Salomon, bouquets, cyprès et vues de Sainte-Sophie. XVIIᵉ siècle. — Travail turc. — Cuivre.

3. PLATEAU gravé de rinceaux, palmettes et cyprès. XVIIᵉ siècle. — Travail syrien. — Cuivre.

4. PLATEAU, à l'ombilic le sceau de Salomon entouré de rinceaux. — Cuivre doré.

5. GRAND PLAT godronné avec son couvercle. Marli orné d'un rinceau ; à l'ombilic, quintefeuille inscrite dans un cercle ; palmettes au-dessous des godrons imbriqués du couvercle. XVIIIᵉ siècle. — Travail indigène.

6. PLATEAU gravé, palmettes et vases. — Ancien travail indigène. — Cuivre.

7. PLATEAU à bord relevé, godronné et crénelé ; à l'ombilic une étoile entourée de palmettes et d'une frise de rinceaux, en repoussé. — Travail indigène du commencement de la conquête. — Cuivre.

8. COUPE DE CIRCONCISION, décorée à l'intérieur d'inscriptions coraniques et à l'extérieur de cercles et du sceau de Salomon, ombilic en relief. — Cuivre fondu et gravé.

9. LAVABO de barbier, panse godronnée. — Cuivre.

10. VASE de bain (mehabs) gravé, orné de cyprès et de palmes. — Travail indigène. — Cuivre étamé.

11. VASE de bain (mehabs) gravé, orné de palmettes et de fleurs. — Travail indigène. — Cuivre étamé.

12. VASE de bain semblable au n° 11.

13. TASSA de bain (talhamoun). Décor de pointillé. — Cuivre argenté.

14. ASPERSOIR. Panse sphérique, décoré de rinceaux en repoussé. Long col garni à sa base d'une bague de filigrane. — Travail indigène retouché par une main européenne. — Cuivre argenté.

15. AIGUIÈRE décorée du sceau de Salomon entouré de rinceaux en repoussé. Bassin sans ornement, avec sa grille. — Travail algérien. — Cuivre argenté.

16. AIGUIÈRE avec sa cuvette et sa grille. — Travail indigène. — Cuivre.

17. AIGUIÈRE, bassin et grille ; décorée en repoussé, couvercle en forme de turban. — Ancien travail indigène. — Cuivre.

18. BRULE-PARFUMS soutenu par six chaînes. — Bronze.

19. BRULE-PARFUMS ; inscription gravée, couvercle en forme de Kouba ajourée (manque le plateau). — Travail indigène. — Cuivre.

20. BRULE-PARFUMS ; sphérique, culot orné de rinceaux en repoussé, couvercle ajouré. — Travail indigène moderne. — Cuivre argenté.

21. BOL (tepsi) et son couvercle. Décor sur la panse, palmettes alternant avec des bouquets de fleurs. Sur le couvercle, palmettes et fleurettes. Supplément de décor exécuté maladroitement à une époque récente. — Cuivre argenté.

22. DEUX TASSA, rinceaux en repoussé. — Travail moderne. — Cuivre argenté.

23. TASSA ou BOL, décor en repoussé. — Travail moderne. — Cuivre doré.

24. PLAT et son couvercle, gravés. — Cuivre.

25. MÊME OBJET que le n° 24.

26. BOL (tepsi) et son couvercle gravés. — Cuivre.

27. GRAND BOL gravé. — Travail Syrien. — Cuivre.

28. SOUPIÈRE (tepsi) et son couvercle. Travail de repoussé, imitation turque. — Cuivre argenté.

29. BOL à puiser muni de son anse mobile. Décor : croissant, palmettes en repoussé et petits godrons ; à l'ombilic sceau de Salomon. — Cuivre argenté.

30. BOL semblable au n° 15 avec de légères modifications. — Cuivre argenté.

31. VASE à eau de forme hémisphérique, garni d'un couvercle, d'un col et d'une anse. XVIᵉ siècle. — Cuivre rouge.

32. VASE à eau, de forme campanulée, avec col, couvercle et anse. — Style magrebin. — Cuivre.

33. VASE a eau, partie supérieure hémisphérique, base cylindrique, petit goulot, ouverture d'alimentation à l'opposé, anse de panier. — Cuivre.

34. PLATEAU, ornements en repoussé, cabochons de corail, quatre supports (zerf) et tasse (les quatre tasses en porcelaine de Chine sont sur les supports). — Travail algérien. — Cuivre argenté.

35. PLATEAU ovale, ajouré, quatre supports de tasse (zerf). — Cuivre argenté.

36. SEPT SUPPORTS DE TASSE ou zerf. — Cuivre.

37. PETIT PLATEAU ajouré et support de tasse. — Cuivre argenté.

38. PETIT BOL avec inscription. — Cuivre étamé.

39. CANTINE à trois compartiments. — Cuivre.

40. CASSEROLE de voyage, manche pliant et se rabattant dans la casserole. — Cuivre.

41. CUILLER à grande coquille se repliant sur le manche travaillé et gravé, une chainette la relie à une petite cuiller à long manche. — Fer. — *Don de M. Famin.*

42. ECRITOIRE arabe. — Travail persan. — Cuivre gravé.

43. ECRITOIRE arabe. — Cuivre.

44. CUILLER PUISETTE. — Bronze.

45. MORTIER à safran et son pilon. — Bronze.

46. PORTE PLATEAU pliant à six tiges surmontées de petits oiseaux et de croissants. XVIIᵉ siècle. — Fer.

47. PORTE-PLATEAU à six tiges. — Fer.

48. GRANDE LAMPE sur tige, élevée sur un plateau et
terminée en haut par un croissant vissé, traver-
vant un autre plateau mobile et un récipient à
huile, en forme de coquille, également mobile, à
six lumières. Les accessoires, mouchettes,
éteignoir, pince, curette, sont tenus par des
chainettes. Aurait appartenu au Dey d'Alger.
XVIIIe siècle. — Cuivre.

49. GRANDE LAMPE montée sur plateau. Tige garnie de
deux boules décorées de rinceaux gravés.
Lumière à bord pincé. Anse reliant le plateau à
la lumière. XVIIe siècle. — Cuivre.

50. LAMPE de même forme que la précédente mais
plus petite. — Provient de la grande mosquée de
Kairouan. (Tunisie).

51. LAMPE, tige partant d'un plateau et traversant un
autre plateau et un récipient piriforme à deux
becs, garni d'un réflecteur. — Travail italien.
XVIIIe siècle. — Cuivre.

52. LAMPE, tige partant d'un plateau traversant un
récipient hémisphérique à quatre lumières et
deux plateaux. XVIIIe siècle. — Cuivre.

53. LAMPE, tige partant d'un plateau en traversant
un récipient à quatre lumières détachées et un
autre plateau réflecteur. XVIIe siècle. —
Cuivre.

54. DOUBLE LAMPE avec son croc. — Cuivre.

55. LAMPE d'applique à deux becs. — Cuivre.

56. LANTERNE à soufflet, couvercle repercé. — Cuivre.

57. LANTERNE à soufflet, couvercle repercé. — Cuivre.

58. CHANDELIER, tige portant un récipient à quatre becs. — Ouled Kosseir près d'Orléansville. — Fer.

59. BRASERO avec son porte-feu, de forme circulaire, posé sur un piédouche, muni de deux anses mobiles. — Cuivre.

60. BRASERO hexagonal, galerie ajourée, pieds terminés par une boule, porte-feu, deux anses. — Cuivre fondu.

61. BRASERO circulaire, couvercle en forme de dôme ajouré, surmonté d'un cygne, porte-feu, pieds ornés de têtes de lion. — Travail turc. — Cuivre.

62. CAFETIÈRE à anse et à couvercle ; ornements en repoussé. Industrie de Constantine. — Cuivre.

63. CAFETIÈRE à long manche creux terminé par une boule, bec d'expansion déprimé. — Travail égyptien. — Cuivre.

64. PETIT COUVERCLE ; au centre deux djiins adossés, entourés d'une inscription en caractères coufiques. — Travail persan. — Bronze.

65. MIROIR avec manche en métal, traces de damasquine d'argent, à l'ombilic une rosace entourée d'un semis de fleurettes disposé géométriquement, le manche décoré d'une inscription en partie détruite. XIVᵉ siècle ? — Style mauresque. — Fer.

66. QUATRE MESURES (Drass) pour étoffes. — Fer.

67. BALANCE indigène ; fléau en fer, plateaux en cuivre.

68. SÉRIE de poids indigènes. — Cuivre.

69. SÉRIE de poids indigènes emboités dans une boite à couvercle. Objet fabriqué à Dinant pour les Etats barbaresques. XVII· siècle. — Cuivre.

ARMES

---

70. KANDJAR, poignée en ivoire avec pommeau en forme de crosse, dos de la lame saisi au talon par deux plaques d'argent. — Travail turc.

71. YATAGAN, poignée en corne, fourreau en fer.

72. YATAGAN, poignée en corne, fourreau en cuir garni de cuivre.

73. POIGNARD, poignée en corne incrustée d'ivoire, fourreau en velours.

74. SABRE, lame courbe orientale, poignée en corne recourbée, quillons droits, fourreau en fer damasquiné

75. FLISSA, lame incrustée de cuivre, poignée en cuivre, fourreau en bois sans ornement. — Travail de la tribu des Flissa, qui ont donné leur nom à l'arme qu'ils fabriquent. — Kabylie.

76. SABRE, croix inscrite dans un cercle, gravée sur la lame, fourreau et poignée en métal blanc. — Fabrication des Flisset-el-Bahr.

77. FLISSA, lame incrustée de cuivre, poignée ornée de cuivre, fourreau en bois sculpté. — Fabrication kabyle.

78. FLISSA, lame gravée, fourreau en bois sculpté. — Fabrication kabyle.

79. FLISSA, lame gravée, fourreau en bois sculpté. — Fabrication kabyle.

80. FLISSA, incrustations de cuivre à la poignée, fourreau en bois sculpté. — Fabrication kabyle.

81. FLISSA, poignée en métal blanc repoussé, fourreau en cuir rouge. — Fabrication kabyle.

82. FLISSA, lame enchassée dans une poignée en métal blanc. — Fabrication kabyle.

83. FLISSA, lame et poignée ornées de cuivre, fourreau en bois sculpté avec emblème chrétien. — Fabrication kabyle.

84. POIGNARD du genre des Flissa, poignée métal blanc repoussé. — Kabylie.

85. POIGNARD TOUAREG, fourreau en cuir rouge gravé et gaufré.

86. COUTEAU KABYLE dans sa gaîne de cuir rouge.

87. SABRE indiqué dans le catalogue de l'*Exposition permanente de l'Algérie*, comme en usage chez les Aïssaoua, fourreau en cuir rouge. — Fabrication kabyle.

88. SABRE DROIT, pommeau recourbé, quatre quillons dont l'un se rattache au pommeau pour former la garde, fourreau de cuir rouge. — Maroc.

89. POIGNARD, lame recourbée, poignée en bois, fourreau en métal peint. — Fabrication marocaine.

90. POIGNARD du Maroc

91. MATRAG des Beni-Hidjer, massue en bois de frêne garnie de pointes et de cercles en fer.

92. MATRAG des Beni-Hidjer.

93. Matrag des Beni-Yala.

94. Mousquet à mèche, canon taillé à pans, rayé extérieurement et évasé près de la bouche. Trace de damasquine, marque : *Ali*. XVIᵉ siècle. — Fabrication mauresque.

95. Fusil, canon lisse taillé à pans, crosse ornée de nacre et d'ivoire, platine simple. — Fabrication kabyle.

96. Fusil, canon lisse à pans, fût et crosse incrustés de nacre et d'os, platine avec damasquine de cuivre. — Fabrication kabyle.

97. Fusil, canon lisse à pans, fût et crosse incrustés de nacre et d'os, platine gravée. — Fabrication kabyle.

98. Fusil, canon lisse à pans, fût et crosse incrustés de nacre et d'os, platine incrustée de cuivre. — Fabrication kabyle.

99. Canon de fusil. — Fabrication kabyle (Tribu des Beni-Yenni).

100. Pistolet-tromblon. — *Ancienne Exposition permanente de l'Algérie.*

101. Tromblon dit Tromblon d'Alger. — *Ancienne Exposition permanente de l'Algérie.*

102. Pistolet à deux canons et à un seul chien, poignard entre les deux canons ; poignée, formant crosse, incrustée d'argent et de corail. — XVIIIᵉ siècle. — Travail oriental, vraissemblablement turc.

103. Pistolet, crosse ornée d'applications d'argent gravé, canon recouvert d'une garniture d'argent repoussé. — XVIIIᵉ siècle. — Fabrication turque.

104. Paire de PISTOLETS, fût et crosse garnis de cuivre. — Fabrication algérienne ?

105. CANON DE PISTOLET avec damasquine d'argent. — Travail des Beni-Yenni.

106. BAGUETTE de tromblon garnie de cuivre aux deux extrémités. — Fer.

107. BAGUETTE de tromblon. — Fer.

108. DEUX AMORÇOIRS kabyles. — Cuivre.

109. PLATINE de pistolet. — Fer gravé — Travail kabyle.

110. PLATINE de fusil. — Fer gravé. — Travail des Beni-Abbès.

111. PLATINE de fusil gravée et ornée de coraux. — Travail des Beni-Abbès.

112. PLATINE de fusil, garnie de coraux et de fer plaqué d'argent gravé. — Travail des Beni-Abbès.

113. PLATINE de fusil, application d'argent repoussé. — Travail de Boghar.

114. PLATINE de fusil, fer plaqué d'argent gravé. — Fabrication de la tribu des Maalif.

115. PLATINE de fusil. — Fer. — Fabrication kabyle (environs de Mostaganem).

116. PLATINE de fusil. — Fer. — Travail des Bordjias.

117. DEUX POUDRIÈRES, bois garni de filigranes d'étain, forme de fiasque avec long col. — Travail kabyle.

118. DEUX POUDRIÈRES en forme de gourde. Bois gravé. — Travail kabyle.

119. DEUX POUDRIÈRES, de forme circulaire. Bois gravé. — Travail kabyle.

120. POUDRIÈRE, partie antérieure conique, bois clouté de cuivre. — Travail kabyle.

121. Poudrière graduée. — Cuivre.

122. Pièces de harnachement en métal.

123. Paire d'Étriers arabes à larges montants, gravés sur la face extérieure. — Fer.

124. Paire d'Étriers arabes à larges montants, damasquinés. — Fer.

125. Paire d'Étriers arabes à larges montants gravés. — Fer.

126. Paire d'Étriers pour mulet. — Cuivre.

127. Paire d'Éperons arabes à longue tige pointue (Chabir), application d'argent en relief. — Travail des Ouled-Brahim (Bel-Abbès). — Fer.

128. Paire d'Éperons arabes (Chabir), applications d'ornements en relief. — Travail des Attafs. — Fer.

129. Paire d'Éperons arabes (Chabir), applications d'argent en relief. — Travail des Adaoura, près d'Aumale. — Fer.

130. Paire d'Éperons arabes (Chabir), gravés. — Miliana. — Fer.

131. Paire d'Éperons arabes (Chabir), applications d'argent, cabochons en corail. — Travail des Ouled-Madhi (Bou-Saâda). — Fer.

132. Paire d'Éperons arabes (Chabir), applications d'argent, cabochons de métal. — Tribu des Rahman (Boghari). — Fer.

133. Paire d'Éperons à molettes, incrustations de cuivre, petits cabochons de corail. — Fer.

134. Paire d'Éperons arabes (Chabir), brides de coude-pied en velours bleu, brodé d'or.

135. Mors de cheval, gravé et orné de cabochons. — Fabrication des Rahman, cercle de Boghar. — Fer.

136. Mors gravé. — Travail des Maalif (Saïda). — Fer.

137. Mors. — Travail des Sindjès. — Fer.

138. Mors. — Travail des Ouled Kosseïr (Orleanville). — Fer.

139. Mors. — (Aïn-Beïda). — Fer,

140. Mors. Fabrication d'Alger. — Fer.

141. Caveçon. — Travail des Ouled-Kosseïr. — Fer.

142. Entraves. — Travail des Ouled-Kosseïr. — Fer.

143. Boucle (H'elga) pour harnais de cheval. — Cuivre gravé.

144. Selle arabe en velours rouge brodé d'or, boucles et ornements de harnachement en cuivre repoussé et doré.

145. Pièces diverses d'armement et de harnachement Touareg : Boucliers en peau d'antilope décorés de croix, Arcs et Flèches, Lances, Poudrières, Cartouchières, Chaussures, Outres, Harnachements de mehari en cuir gravé. Ces pièces ont été données à l'*Exposition permanente de l'Algérie* par le Maréchal Bugeaud comme étant Touareg, mais quelques-unes proviennent des populations de l'intérieur de l'Afrique.

BIJOUX

---

146. Paire de KHALKHAL (anneaux de jambe), sorte de
jambière en métal, gravé au burin, décor géométrique orné de cabochons en corail. — Travail
de Dra-el-Mizan (Kabylie). — Cuivre argenté.

147. Paire de KHALKHAL, anneaux creux ornés de rinceaux en repoussé, terminés par une boule
d'amortissement à chaque extrémité, petits
plombs à l'intérieur pour produire un tintement
pendant la marche ou la danse. — Fabrication
algérienne. — Métal doré.

148. Paire de KHALKHAL semblable au n° précédent,
mais plus petits.

149. Paire de KHALKHAL semblable au numéro 2. —
Argent. — *Don de M. de Cazeneuve.*

150. Paire de KHALKHAL fabriqués au moyen d'un lin-
got carré tourné en cercle et forgé au marteau,
décorés au matoir, les deux extrémités sont
terminées par un polyèdre en ressaut. — Argent.

151. PETIT KHALKHAL semblable au numéro précédent.
— Argent.

152. Paire de KHALKHAL. — Sud algérien. — Cuivre
argenté.

153. KHALKHAL. — Trois modèles. — Cuivre.

154. KHALKHAL, modèle. — Provient de Chellala. —
Cuivre.

155. Khalkhal, modèle. — Cuivre.

156. Petit Khalkhal, modèle. — Cuivre.

157. Khalkhal, modèle. — Cuivre.

158. Khalkhal, modèle, gravure sur les deux boules des extrémités. — Cuivre,

159. Khalkhal, petit modèle gravé au matoir. — Bou-Saâda. — Cuivre.

160. Anneau de jambe. — Sud algérien. — Cuivre.

161. Khalkhal, cinq torsades de fil de fer réunies aux deux extrémités. — Fer.

162. Anneau de jambe indiqué par le catalogue de l'*Ancienne Exposition permanente* comme provenant de Tombouctou, inscription à l'intérieur. — Calcaire.

163. Anneau de jambe, en cuir, le vide est rempli par une composition résineuse. — Touareg.

164. Anneau de jambe, tige de bronze tordue formant un nœud, étirée ensuite à la filière pour donner un petit enroulement produisant l'effet d'une passementerie. D'après le catalogue de l'*Exposition permanente* cet anneau proviendrait de Tombouctou. — Bronze.

165. Khalkhal. — Tige travaillée à la main et tournée en anneau. — Soudan. — Cuivre.

166 à **169.** Quatre Bagues (Khatem), proviennent des environs de Ténès. — Argent. — *Don de M. de Cazeneuve.*

170. Bague émaillée et ornée d'un grain de corail. — Travail des Beni-Yenni. — Métal.

171. Bague. — Fabrication d'Alger. — Argent doré.

172. Bague ajourée. — Travail algérien. — Argent.

173. Paire de BRACELETS (Msiça), ornés de cabochons de corail. — Métal argenté.

174 à 175. Deux paires de BRACELETS, décorés de rinceaux en repoussé. — Travail algérien. — Métal argenté.

176. Une paire de MSIÇA semblables au numéro précédent.

177. BRACELET argent. — Travail indigène. — *Don de M. de Cazeneuve.*

178. Une paire de MSIÇA, coulés avec appliques soudées. — Argent bas titre. — *Don de M. de Cazeneuve.*

179. BRACELET fait au laminoir. — Fabrication algérienne. — Argent. — *Don de M. de Cazeneuve.*

180. BRACELET, plané surmonté de cabochons et de filigranes appliqués par soudure. — Métal.

181. BRACELET, travail de repoussé avec bordure soudée. — Travail d'Orléansville. — Métal. — *Don de M. de Cazeneuve.*

182. BRACELET en corne, (*Msiça Djamons*), bordure en argent doré encadrant la corne qui est ornée d'étoiles en argent. — Travail de Constantine.

183. BRACELET en forme de croissant, légende en relief. Fabrication algérienne. — Argent bruni. — *Don de M. de Cazeneuve.*

184 à 186. TROIS BRACELETS. — Proviennent du Soudan. — Cuivre.

187. BRACELET en verroterie. — Sud algérien.

188. BRACELETS en corne. — Fabrication d'Alger.

189 à 193. CINQ BRACELETS. — Corne.

194. PLAQUE DE CEINTURE de femme, en deux parties réunies par un fermoir à clef gravée et ajourée,

travail de repoussé, chaîne en pendeloque, jaseron tunisien, cinq poinçons d'Amin (Président
de corporation) de Constantine. — Travail anté-
rieur à la conquête. — Argent.

195. PLAQUE DE CEINTURE de femme. — Travail exécuté
à Alger pour la vente aux étrangers. — Argent.

196. B'ZAIM. Agrafe composée d'un anneau ouvert,
dans lequel est passé un ardillon, qui ne peut
sortir de l'anneau, dont les deux extrémités sont
garnis d'une sorte de boule ou de renflement du
métal. — Travail kabyle. — Argent.

197. B'ZAIM. — Travail des environs de Bougie. — Argent. — *Don de M. de Cazeneuve.*

198 à 211. B'ZAIM. Kabylie, département d'Alger. — SIX
sont en métal, huit sont en argent. — *Don de
M. de Cazenenve.*

212. FRAGMENT d'un B'zaïm trouvé près du tombeau du
Bar-Chichet, Rempart Bab-el-Oued. Probablement du XVIe siècle. — Métal. — *Don de M.
de Cazeneuve.*

213 à 214. DEUX ÉPINGLES. — Industrie algérienne. —
Métal.

215. TABZINT, plaque circulaire dont l'ombilic orné d'un
cabochon de corail est mobile et garni d'un
ardillon pour piquer l'étoffe du haïk ou de la
coiffure, qu'on a tirée par l'ouverture dissimulée
par l'ombilic mobile. Décor géométrique de bâtes
cloisonnant des émaux bleus, jaunes et verts. La
partie inférieure de ce Tabzint est orné de pen-
deloques de boules ajourées. La femme kabyle
met le Tabzint sur son front pour retenir sa coiffure si elle est mère d'un enfant mâle, elle le

place sur la poitrine ou sur la ceinture si elle vient d'avoir une fille. — Ancien travail des Beni-Yenni (Kabylie). — Argent.

216. BROCHE kabyle (Tabzint) orné d'un cabochon de corail. — *Don de M. de Cazeneuve.*

217. TABZINT, orné de cabochons. — Travail du Sud algérien. — Métal.

218. TABZINT (incomplet), cabochons en corail, perles en métal. — Travail kabyle.

219. PARURE de femme (*Ifzedimen*), deux *B'zaïm* ornés d'émaux verts, bleus et jaunes, et de cabochons en celluloïd imitant le corail, sont reliés par une chaîne (*Selsla*) en jaseron tunisien. — Travail des Beni-Yenni (Kabylie). — Métal.

220. BIJOU *Ambra*, chaîne composée d'anneaux plats, portant une cassolette à musc (*Djassa* ou *Meska*) en filigrane. — Cuivre doré.

221. AMBRA, chaîne avec cassolette (*Djassa* ou *Meska*) en filigrane. — Argent doré.

222. COLLIER kabyle (*Tazelegh*), orné de verroteries.

223. COLLIER, grains d'ambre gris.

224. COLLIER. Cornalines gravées. Ces colliers viennent généralement de La Mecque. On en rencontre souvent dans le Sud algérien.

225. Paire de MEKFOULS. Anneaux d'oreilles qui se mettent au-dessus de l'oreille, un fil qui passe dans le lobe les maintient. Une sorte d'ureus orné de rubis ou de turquoises décore chaque anneau. — Tunisie. — Or massif avec un fort alliage d'argent. — *Don de M. de Cazeneuve.*

226. Paire de MEKFOULS. Deux anneaux reliés par un fil dans lequel on a passé des morceaux de verre taillé, de corail et de nacre — Proviennent du Sud algérien. — Argent. — *Don de M. de Caze-neuve.*

227. MEKFOUL, argent bas titre fondu, représentant une sorte de croissant soutenu au moyen de chaînettes figurées par un pointillé.

228. Paire de MEKFOULS. — Fabrication de Dra-el-Mizan. — Argent.

229. Paire de MEKFOULS. Plaque découpée, sur laquelle est soudé un sertissage de cabochons de corail taillé à facettes, boule ajourée et fausses pierres en pendeloque. — Travail kabyle. — Cuivre argenté.

230. Paire de MEKFOULS. Anneaux d'oreilles supportant des chaînettes de jaserons tunisiens, entremêlés de morceaux de corail partant d'une boule en filigrane et terminées par un khammsa. — Travail des Bou-Saâda. — Argent.

231. Paire de MEKFOULS. — Métal.

232. Paire de MEKFOULS, ornés de verroterie. — Travail indigène. — *Don de M. de Cazeneuve.*

233 à 239. SEPT MEKFOULS. — Argent bas titre. — *Don de M. de Cazeneuve.*

240. DIADÈME de femme (*Dzerir*), émaux verts, bleus, jaunes, au centre des perles de corail, chaîne de demi-boules en métal repoussé. — Travail des Beni-Raten (Kabylie).

241. Débris d'un DIADÈME KABYLE (*Dzerir*). — Métal.

242. DZERIR incomplet. Dra-el-Mizan. — Métal.

243. SARMAT. Coiffure de femme moresque rappelant le *Hennin* du moyen-âge, qui était une coiffure à la *moresque:* Longue plaque mince d'argent ou de

métal argenté ou doré, courbée dans sa longueur,
repercée pour donner un treillis de fins rinceaux ;
elle doit être posée sur la tête, obliquement
d'avant et arrière, pour porter un voile qui tombe jusqu'à terre. Le Sarmat se compose en outre
d'une autre pièce, également ajourée, qui
épouse la forme du chignon. Dans certains, comme le n° 243, dont la longueur arrive jusqu'à qua-
tre-vingts centimètres, deux autres pièces ajourées sont attachées à la base, sur chaque côté,
pour maintenir l'édifice sur la tête. — Métal
argenté.

244. SARMAT de forme basse, plaques de côté fixes, plaque du chignon. — Métal argenté.

245. SARMAT de forme basse, plaques de côté fixes, plaque du chignon. — Métal argenté.

246. SARMAT de forme conique à six pans ajourés,
recouvrant une petite calotte pointue en velours
rouge et terminée en haut par une sorte de cham-
pignon repercé. Coiffure des juives de Tlemcen.
— Cuivre doré.

247. Partie de SARMAT, pièce couvrant le chignon. —
Métal argenté. — *Don de M. de Cazeneuve.*

248. KHAMMSA, main porte-bonheur, appelé ainsi du
nombre des doigts de la main : khammsa, cinq.
Plaque découpée suivant la forme de la main.
Insigne de grade qui se portait sur la *Chachia.*
Ce n'est pas comme il est dit dans le catalogue
de l'*Ancienne Exposition permanente*, une décoration instituée par Abd El Kader, puisque ce
Khammsa porte le poinçon d'un amin d'Alger de
1750. — Argent. — *Don de M. de Cazeneuve.*

249. KHAMMSA. — Provient de l'*Exposition permanente de l'Algérie* n° 3438, indiquée à tort comme décoration instituée par Abd El Kader, qui cependant a pu le faire employer comme insigne d'un grade. — Argent.

250. KHAMMSA semblable au numéro précédent. — Argent.

251. KHAMMSA. Plaque en cuivre repoussé émaillée de plusieurs couleurs dans les creux. — Cuivre.

252. CHAPELET (*Tesbih'e*). Grains d'ambre et de corail reliés par une passementerie de fil d'or.

253. CHAPELET composé de grains d'ambre gris et de corail.

254. PETIT CHAPELET formé de perles en verre de fabrication italienne, et terminé par une main porte-bonheur dite kammsa en cuivre.

255. CHAPELET. Grains de corail taillés à facettes.

256. CHAPELET ou COLLIER. Petits grains d'ambre gris et de corail.

257. CHAPELET. Grains en os de chameau. Désignation donnée par le catalogue de l'*Ancienne Exposition permanente*.

258. CHAPELET. Grains en semence de palmier nain (Chamerops Humilis). Désignation du catalogue de l'*Ancienne Exposition permanente*.

259. MOUKELLA. Flacon à *Khohol*, noir d'antimoine pulvérisé, employé par les femmes moresques pour noircir les cils. Travail de repoussé. La tige qui sert à mettre le noir ferme le flacon, elle est surmontée d'un oiseau qui tient dans son bec un grain de corail.

260. MOUKELLA semblable au numéro précédent. Un croissant surmonte la tige qui sert de fermeture au flacon. — Argent.

261. PETIT MOUKELLA orné d'une palmette gravée. La tige manque. — Travail persan. — Cuivre doré.

262. PIPE A KIF (chanvre) et accessoires. — Argent bas titre.

263. BROCHE en filigrane. — Travail d'importation italienne. — Argent doré. — *Don de M. de Cazeneuve.*

264. BRACELET fabriqué à Bou-Saâda. — Cuivre. — *Don de M. de Cazeneuve.*

265. BRACELET. Cordon tressé et filigrane. Fabrique de Tunis. — Cuivre. — *Don de M. de Cazeneuve.*

266. Paire de RÉDIFS (anneaux de jambe) formés de cordons tressés terminés par des têtes de serpent. — Travail algérien. — Cuivre. — *Don de M. de Cazeneuve.*

C

CÉRAMIQUE

CÉRAMIQUE ORIENTALE

1. CARREAU DE REVÊTEMENT rectangulaire, en deux
   parties. Etoile à huit pointes, couleur chrôme
   s'enchassant dans un cadre bleu turquoise.
   Faïence. XVIᵉ Siècle. Fabrication persane.

2. CARREAU HEXAGONAL. Décor bleu. Cyprès entouré
   de rinceaux et de fleurettes. XVIᵉ Siècle. Faïence.
   Fabrication persane.

3. GRAND BOL, décor rudimentaire de médaillons
   losangés et de rinceaux noirs sur fond bleu
   turquoise. Marque de trois points de cuisson à
   l'intérieur. Glaçure plombifère. XVIᵉ Siècle. Fabrication persane.

4. PALETTE DE DÉCORATEUR, en forme de croix
   aiguisée. Alternance de lignes bleues et de lignes
   blanches, ces dernières plus larges. Email plombifère d'apparence vitreuse. XVIᵉ Siècle. Faïence.
   Fabrication persane.

5. Ecritoire à huit godets. Figuration d'une mosquée entourée d'arcs persans. Email vert. Glaçure plombifère. XVIIᵉ Siècle. Faïence. Fabrication persane.

6. Petite bordure. Décor bleu foncé, bleu turquoise, manganèse. Rinceau. XVIIᵉ Siècle. Faïence. Fabrication persane.

7. Fragment de plaque de revêtement. Partie de vase. Décor bleu, manganèse. XVIIᵉ Siècle. Faïence. Fabrication persane.

8. Fragment de bordure de panneau. Décor bleu. Gousse de graine ouverte trilobée. XVIIᵉ Siècle. Faïence. Fabrication persane.

9. Fragment de plaque de revêtement. Décor bleu turquoise, manganèse sur fond bleu. Fleurs. XVIIᵉ Siècle. Faïence. Fabrication persane.

10. Bordure de panneau. Décor bleu, vert. Rosace et feuillage. XVIIᵉ Siècle. Faïence. Fabrication persane.

11. Plaque de revêtement. Décor bleu et vert. Etoile à huit pointes inscrites dans un octogone. XVIIᵉ Siècle. Faïence. Fabrication persane.

12. Fragment de bordure. Décor bleu, manganèse. Lambrequin. XVIIᵉ Siècle. Faïence. Fabrication persane.

13. Plaque de revêtement. Décor bleu. Fleurettes et partie de vase à long col. XVIIᵉ Siècle. Faïence. Fabrication persane.

14. Fragment de plaque. Décor bleu et manganèse. Figuration d'un minaret. Partie d'une inscription. XVIIᵉ Siècle. Faïence. Fabrication persane.

15. FRAGMENT de plaque de revêtement faisant partie d'un panneau. Décor bleu. Figuration de lampe de mosquée accostée de deux cyprès. XVIIᵉ Siècle. Faïence. Fabrication persane.

16. FRAGMENT de plaque de revêtement. Décor bleu et vert. Partie d'un arc et d'un minaret. Inscription. XVIIᵉ Siècle. Faïence. Fabrication persane.

17. FRAGMENT de plaque de revêtement. Décor bleu et vert. Jacinthe. XVIIᵉ Siècle. Faïence. Fabrication persane.

18. FRAGMENT de plaque de revêtement. Décor bleu, vert, manganèse. Artichaut coupé. XVIIᵉ Siècle. Faïence. Fabrication persane.

19. FRAGMENT de plaque de revêtement. Décor bleu. Figuration d'un vase. XVIIᵉ Siècle. Faïence. Fabrication persane.

20. PLAQUE DE REVÊTEMENT. Décor noir sur fond bleu. Rinceaux. XVIIᵉ Siècle. Faïence. Fabrique d'Ispahan.

21. POT A CONFITURE, panse ballonnée, bleu turquoise. Glaçure plombifère. Moderne. Fabrication persane.

22. FRAGMENT de petite tasse. Décor polychrome. Imitation de Chine. Faïence. Marque de fabrique de Sivas (Turquie d'Asie). XVᵉ Siècle. Trouvé près du tombeau de Barchichat en 1896. — *Don de M. Paysant, trésorier-payeur.*

23. TROIS ŒUFS de suspension avec croix croisées et avec figures de djin ou d'anges. Main-d'œuvre arménienne. XVIIᵉ Siècle. Faïence. Fabrique de Sivas (Turquie d'Asie).

24. PLAQUE DE REVÊTEMENT. Décor bleu. Entrelacs divisant le rectangle en quatre compartiments en triangle. Même carreau à la Mosquée d'Omar, à Jérusalem. Epoque indéterminée. Faïence. Fabrique de Damas.

25. PARTIE D'UN PANNEAU de revêtement composé de seize carreaux et fragments. Décor bleu opaque, bleu turquoise. Stylisation de la vigne avec feuille chargée au centre d'un calice de fleur se détachant en blanc. XVIIe Siècle. Faïence. Fabrique de Damas.

26. PLAQUE DE REVÊTEMENT. Décor bleu turquoise, vert, Grappes de raisin et feuilles de vigne. XVIIe Siècle. Faïence. Fabrique de Damas.

27. FRAGMENT d'une plaque de revêtement. Partie d'un vase d'où s'échappent des rinceaux. Décor bleu. XVIIe Siècle. Faïence. Fabrique de Damas.

28. FRAGMENT d'une plaque de revêtement. Décor bleu foncé et bleu turquoise. Fruit ouvert et œillets. XVIIe Siècle. Faïence. Fabrique de Damas.

29. PLAQUE DE REVÊTEMENT. Décor bleu, vert, manganèse. Artichaut stylisé. XVIIe Siècle. Faïence. Fabrique de Damas.

30. PLAQUE DE REVÊTEMENT. Décor vert, bleu turquoise, manganèse. Narcisse, œillet, jacinthe. XVIIe Siècle. Faïence. Fabrique de Damas.

31. PLAQUE DE REVÊTEMENT. Décor bleu et manganèse. Médaillon au centre. XVIIe Siècle. Faïence. Fabrique de Damas.

32. FRAGMENT de bordure. Décor bleu, vert, manganèse. Fleurettes. XVIIe Siècle. Faïence. Fabrique de Damas.

33. FRAGMENT de plaque de revêtement. Décor bleu turquoise, vert, manganèse. Feuillage. XVIIe Siècle. Faïence. Fabrique de Damas.

34. PLAQUE DE REVÊTEMENT. Décor bleu, vert. Feuillage et fleurs. XVIIe Siècle. Faïence. Fabrique de Damas.

35. FRAGMENT de plaque de revêtement. Décor bleu et turquoise sur fond bleu avec réserves en blanc. Médaillon lobé, arabesques. XVIIe Siècle. Faïence.

36. FRAGMENT de plaque de revêtement. Décor bleu, bleu turquoise, manganèse. Stylisation de grappes de raisins et de feuilles de vignes. XVIIe Siècle. Faïence. Fabrique de Damas.

37. FRAGMENT de plaque de revêtement. Décor bleu, vert. Palme losangée verte entourée de petites feuilles blanches sur fond bleu. XVIIe Siècle. Faïence. Fabrique de Damas.

38. FRAGMENT de plaque de revêtement. Bleu turquoise vert, manganèse clair. Feuilles d'artichaut, lambrequins en bordure. XVIIe Siècle. Faïence. Fabrique de Damas.

39. PLAQUE DE REVÊTEMENT. Décor bleu. Lambrequins. XVIIe Siècle. Faïence. Fabrique de Damas.

40. FRAGMENT de plaque de revêtement. Décor bleu et vert. Inscription avec le mot « Allah ». XVIIe Siècle. Fabrique de Damas.

41. PLAQUE DE REVÊTEMENT. Décor bleu, vert, manganèse. Lambrequins. Bordure feuillage. XVIIe Siècle. Faïence. Fabrique de Damas.

42. FRAGMENT de plaque de revêtement. Décor bleu, vert. Feuilles d'artichaut ; des gousses de graine tribolées composent la bordure. XVIIᵉ Siècle. Faïence. Fabrique de Damas.

43. FRAGMENT de plaque de revêtement. Décor bleu, vert. Feuilles d'artichaut et palmettes. XVIIᵉ Siècle. Faïence. Fabrique de Damas.

44. PLAQUE DE REVÊTEMENT. Décor bleu, manganèse, Partie de vase. XVIIᵉ Siècle. Faïence. Fabrique de Damas.

45. FRAGMENT de plaque de revêtement. Décor bleu, vert. Palme dans arc lobé. XVIIᵉ Siècle. Faïence. Fabrique de Damas.

46. FRAGMENT de plaque de revêtement. Décor bleu et vert. Palme entourée de grenade, tulipe, œillet. XVIIᵉ Siècle. Faïence Fabrique de Damas.

47. ENCADREMENT d'une inscription indigène, nᵒ 66, datée de 1233 ; carreaux avec caractères en blanc sur fond bleu. Faïence. XVIIIᵉ Siècle. Fabrique de Damas.

48. CARREAU DE REVÊTEMENT rectangulaire. Décor bleu. Décor dérivant du carré et de l'hexagone. Faïence. XVIIᵉ Siècle. Fabrique de Damas.

49. QUATRE CARREAUX, caractères en blanc sur fond bleu, même inscription : « Il viendra » sur chaque carreau. Faïence. XVIIIᵉ Siècle. Fabrique de Damas. — *Don de M. Bottacchi, du Splendid-Hôtel.*

50. FRAGMENT de plaque de revêtement. Décor bleu, vert, manganèse. Feuille d'artichaut stylisée, fleurettes, rinceaux de feuillage. Faïence. XVIIᵉ Siècle. Fabrique de Rhodes.

51. FRAGMENT de plaque de revêtement. Décor bleu foncé, bleu turquoise et vert Rinceaux avec roses et œillets. XVIIᵉ Siècle. Faïence. Fabrique de Rhodes.

52. FRAGMENT de plaque de revêtement. Décor bleu turquoise, vert, rose. XVIIᵉ Siècle. Faïence. Fabrique de Rhodes.

53. PLAQUE DE REVÊTEMENT. Décor bleu, vert et quelques points manganèse. Pétales de roses étalées, arrangées géométriquement. XVIIᵉ Siècle. Faïence. Fabrique de Rhodes.

54. FRAGMENT de bordures de panneau. Décor bleu, vert. Rinceau autour d'une rose. XVIIᵉ Siècle. Faïence. Fabrique de Rhodes.

55. FRAGMENT de plaque de revêtement. Décor bleu. Piédouche de vase. Rose stylisée et feuilles barbelées. XVIIᵉ Siècle. Faïence. Fabrique de Rhodes.

56. FRAGMENT de plaque de revêtement. Décor bleu. Palme au centre d'un vase, roses. XVIIᵒ Siècle. Faïence. Fabrique de Rhodes.

57. FRAGMENT de plaque de revêtement. Décor bleu, vert, manganèse. Dessin de feuillage et de palme rudimentaire exécuté en poncif. XVIIIᵉ Siècle. Faïence. Fabrique de Rhodes.

58. FRAGMENT de plaque de pavement. Décor bleu et vert. Rose stylisée. XVIIᵉ Siècle. Faïence. Fabrique de Rhodes.

59. FRAGMENT de plaque de revêtement. Décor bleu, vert. Médaillon lobé au centre. XVIIᵉ Siècle. Faïence. Fabrique de Rhodes.

60. BOUTEILLE de forme ovoïde avec long col, bec d'expansion, une anse. Email vert. Fabrique des Dardanelles.

CÉRAMIQUE TUNISIENNE

---

61. PANNEAU composé de soixante-cinq carreaux représentant une arcade supportée par des colonnes. Décor vert, jaune et manganèse, d'inspiration turque. Fin du XVIIIᵉ Siècle. Faïence de fabrication tunisienne.

62. PANNEAU composé de cinquante carreaux. En bas, arcade géminée ayant dans chacune des ouvertures une palme d'où s'échappent des œillets. En haut, arc renfermant une vue de la Mosquée de Médine. XVIIIᵉ Siècle. Faïence de fabrication tunisienne.

63. PANNEAU de revêtement composé de cinquante carreaux. Décor bleu, jaune et vert. Un arc dans lequel se déroulent des rinceaux qui sortent d'une rose stylisée. XVIIIᵉ Siècle. Faïence de fabrication tunisienne.

64. PANNEAU de revêtement composé de quarante-cinq carreaux. Décor bleu, jaune et vert. Un arc dans lequel se déroulent des rinceaux qui sortent d'un vase. XVIIIᵉ Siècle. Faïence de fabrication tunisienne.

64 *bis*. PANNEAU de revêtement semblable au n° 64.

65. DEUX PANNEAUX composés de carreaux de revêtement ou de pavement. Décor bleu, vert et
manganèse. Stylisation de rose, d'œillet, feuilles
lancéolées. Imitation de Rhodes. XVIIIᵉ Siècle.
Faïence de fabrication tunisienne. (Façade du
Musée).

66. DEUX PANNEAUX de revêtement composés de cinquante carreaux. Figuration d'un arc moresque.
Un vase godronné d'où sortent des rinceaux.
Décor bleu, jaune et vert. XVIIIᵉ Siècle. Faïence
de fabrication tunisienne. (Façade du Musée.)

67. PANNEAU de revêtement composé de cinquante carreaux. Uu arc soutenu par des colonnes encadrant
un vase d'où sort une grande fleur stylisée en
forme de trèfle donnant naissance aux rinceaux
qui couvrent le tableau. Décor bleu, jaune et vert.
XVIIIᵉ Siècle. Faïence de fabrication tunisienne.

68. REPRODUCTION D'UN INTÉRIEUR TUNISIEN. Carreaux
provenant du Palais du Bardo. Au fond, un panneau de cinquante carreaux, exécuté pour l'exposition de 1878. Décor vert, jaune et manganèse ;
une arcade renfermant des rinceaux sur lesquels
se posent deux oiseaux. Aux deux côtés, deux
autres panneaux : figuration d'une arcade par
un trait jaune ; vase godronné d'où s'échappent
des rinceaux. Décor jaune et bleu. Fin du XVIIIᵉ
Siècle. Faïence de fabrication tunisienne [1].

---

[1] Tous ces spécimens de la fabrication tunisienne ont pû être acquis
grâce au concours bienveillant de la direction des antiquités et des arts de
Tunisie.

69. CADRE contenant quinze carreaux. Au centre, carreau plus grand, d'inspiration de Rhodes. D'autres sont une imitation de types italiens qui eux mêmes étaient d'inspiration hispano-moresque. Fin du XVIII° Siècle. Faïence de fabrication tunisienne.

70. CADRE contenant quatre assemblages de quatre carreaux et seize carreaux divers à l'exception d'un carreau à décor polygonal et d'un autre ayant une étoile inscrite dans un cercle. Tous ces spécimens sont d'inspiration orientale. Fin du XVIII° Siècle. Faïence de fabrication tunisienne.

71. FRISE renfermant soixante-quatre carreaux ; types employés dans la construction algérienne. Inspiration orientale, fabrication magrebine, en majeure partie tunisienne.

72. GARGOULETTE, deux anses, terre blanche, décor en noir au caroubier. Animal fantastique et ornements dérivés du style phénicien. Fabrique de Tunis.

73. VASE A HUILE, panse ovoïde ornée de deux anses la reliant à un goulot conique terminé par un bourrelet. Décor vert, jaune et manganèse. Faïence. Fabrique de Nebeul (Tunisie).

74. VASE A LAIT, forme ovoïde, six petites anses relient l'épaulement à l'orifice. Décor jaune et vert. Faïence. Fabrique de Nebeul (Tunisie).

75. PETITE GARGOULETTE en forme d'oiseau, avec anse de panier, du genre dit *pot trompeur*. Décor jaune et vert. Faïence. Fabrique de Nebeul (Tunisie). — *Don de M. de La Blanchère.*

76. VASE decoré de pastillage. Décor jaune et vert. Oiseau découpé appliqué sur la panse ovoïde surmontée d'un goulot. Faïence. Fabrique de Nebeul (Tunisie).

76 *bis.* MÊME OBJET. — *Don de M. de La Blanchère.*

77. GARGOULETTE pot trompeur, avec col ajouré. Terre siliceuse. Fabrique de Tunis.

78. GRAND VASE en forme de marmite avec couvercle. Emaillé jaune avec décor vert. Faïence. Fabrique de Nebeul (Tunisie).

79. GRANDE LAMPE avec plateaux étagés, reliés par une anse, bec pincé. Email vert. Faïence. Fabrique de Nebeul (Tunisie).

80. GRANDE LAMPE à double plateau relié par une anse, bec pincé. Email vert. Faïence. Fabrique de Nebeul (Tunisie).

CÉRAMIQUE KABYLE

81. VASE, engobe blanc. Oued-El-Kebir (Dép. de Constantine).

82. VASE forme gargoulette, engobe blanc. Oued-El-Kebir (Dép. de Constantine).

83. VASE, engobe blanc. Oued-el-Kebir (Dép. de Constantine).

84. VASE composé de quatre gargoulettes reliées ensemble. Vernis végétal. Oued-El-Kebir (Dép. de Constantine).

85. VASE A EAU, forme du *Gutturnium*. Vernis végétal. Bouïra.

86. VASE A EAU. Vernis végétal. Bouïra.

87. VASE A EAU. Vernis végétal. Bouïra.

88. VASE A EAU composé de trois gargoulettes ; celle du milieu a son orifice fermé. Vernis végétal. Bouïra.

89. VASE A EAU du genre dit *pot trompeur*. Bouïra.

89 *bis*. VASE SEMBLABLE, séparé en deux pour la démonstration. Bouïra.

90. VASE A EAU. Vernis végétal. Beni-Mançour.

91. VASE A EAU. Tribu des Ksour (Beni-Mançour).

92. VASE A EAU composé de cinq gargoulettes ; celle du milieu a son orifice fermé. Vernis végétal. Dra-el-Mizan.

93. VASE A EAU composé de deux gargoulettes dont une a son orifice fermé. Vernis végétal. Dra-el-Mizan.

94. VASE A EAU avec anse et tube d'expansion Mâatka.

95. AMPHORE non sessile. Anses partant de l'épaulement et finissant en pointe au-dessus du raccordement au collet. Décor rouge. Polissage avant cuisson. Mâatka.

96. VASE A EAU vernis végétal. Beni-Yala.

97. VASE A EAU vernis végétal. Beni-Yala.

98. GUEBOUCHE. Beni-Raten.

99. Guebouche. Beni-Raten.

100. Guebouche. Beni-Raten.

101. Guebouche. Décor imitant une inscription en caractères Libyco-Berbères. Beni-Raten.

102. Halleb, vase avec anse de panier et bec d'expansion. Beni-Raten.

103. Vase a eau en forme de gargoulette. Beni-Raten.

104. Guebouche. Beni-Raten.

105. Halleb en forme de panier à anse ; bec d'expansion. Beni-Raten.

106. Amphore kabyle (*kolla*), non sessile. Décor rouge. Polissage avant cuisson. Beni-Raten.

107. Halleb avec anse à l'opposé du bec d'expansion. Vernis végétal. Beni-Raten.

108 Gargoulette forme du *Guttus*. Alger.

109. Gargoulette forme de *l'Aryballe*, à deux anses. Alger.

110. Vase avec couvercle décoré d'ornements en couleurs après cuisson. Alger.

111. Vase décoré d'ornements en couleurs après cuisson. Alger.

112. Cruche a huile rapprochement de la forme du *Diota*. Alger.

113. Deux gargoulettes, engobe blanc. Beni-Amran Sefilia.

114. Vase engobe blanc. Beni-Amran Sefilia.

115. Gargoulette engobe blanc. Beni-Amran Sefiia.

116. Gargoulette du genre dit *pot trompeur*, lustre végétal. Voir n° 89. Beni-Amran Sefilia.

117. VASE vernis végétal. Beni-Moussa.

118. VASE vernis végétal. Beni-Moussa.

119. VASE avec anse terminée en pointe. Vernis végétal. Ben-Sliman.

120. GUEDOUA, vase à boire. Vernis végétal. Cherchel.

121. GARGOULETTE entourée de cinq tubes d'expansion, partant de la panse et s'enchevêtrant autour du collet d'alimentation. Cherchel.

122. GARGOULETTE à huit tubes d'expansion, partant de la panse, s'enchevêtrant autour du collet d'alimentation. Terre blanche siliceuse. Cherchel.

123. GARGOULETTE entourée de cinq tubes d'expansion, partant de la panse et s'enchevêtrant autour du collet d'alimentation. Terre rouge. Cherchel.

124. VASE à deux anses. Vernis végétal. Ténès.

125. VASE rappelant le *Stamnos*. Vernis végétal. Ténès.

126. VASE A EAU composé de trois récipients avec deux tubes d'expansion. Vernis végétal. Kabylie.

127. VASE A EAU composé d'une aiguière accolée par la panse à trois autres aiguières à orifice fermé. Vernis végétal. Kabylie.

128. VASE A EAU en forme de gargoulette; Collet relié à la panse par quatre gourdes de forme phallique. Venis végétal. Kabylie.

129. VASE en forme d'outre. Vernis végétal. Kabylie.

130. AMPHORE sessile. Kabylie.

131. GUESSAH, sorte de bol. Vernis végétal. Kabylie.

132. CRUCHE à deux anses se terminant en pointe. Kabylie.

133. GARGOULETTE. Quatre longs tubes d'expansion partant de la panse et se réunissant à la collerette. Kabylie.

134. VASE A EAU. Kabylie.

135. VASE A FLEURS. Kabylie.

136. VASE A FLEURS. Mazouna.

137. VASE A FLEURS. Nedromah.

138. PLAT. Vernis végétal. Bouîra.

139. PLAT. Vernis végétal. Dra-el-Mizan.

140. PLAT garni d'une anse. Vernis végétal. Dra-el-Mizan.

141. METERED à couscouss, trois petits plats creux sur piédouche. Vernis végétal. Dra-el-Mizan.

142. METERED, plateau sur piédouche. Vernis végétal. Dra-el-Mizan.

143. METERED. Vernis végétal. Dra-el-Mizan.

144. PLAT. Vernis végétal. Dahra.

145. PLAT. Vernis végétal. Ténès.

146. PLAT. Vernis végétal. Ténès.

147. PLAT. Vernis végétal. Ténès.

148. PLAT. Polissage avant cuisson. Ténès.

149. METERED. Vernis végétal. Ténès.

150. PLAT. Vernis végétal. Ténès.

151. METERED. Vernis végétal. Ténès.

152. METERED, plateau sur piédouche. Vernis végétal. Kabylie.

153. TADJIN. Quatre griffes de prise à hauteur du bord. Blida.

154. ENTONNOIR. Vernis végétal. Cercle de Dra-el-Mizan.

155. LAMPE à trois lumières au bec pincé, supportées par un piédouche conique. Vernis végétal. Bouïra.

156. LAMPE semblable au n° 75, mais à deux lumières seulement. Vernis végétal. Bouïra.

157. GRANDE LAMPE à deux rangées de lumières. Vernis végétal. Cercle de Dra-el-Mizan.

158. GRANDE LAMPE, à huit lumières séparées par sept écussons losangés décorés d'une croix inscrite dans un cercle. Vernis végétal. Cercle de Dra-el-Mizan.

159. GRANDE LAMPE à double rangée de lumières surmontées de cônes, dont quatre seulement, deux à chaque extrémité, ne sont pas fermées par des cônes. Vernis végétal. Dra-el-Mizan.

160. GRANDE LAMPE à deux rangées de lumières, au-dessus d'un support ajouré de quatres arcs. Vernis végétal. Dra-el-Mizan.

161. LAMPE, fùt garni de deux plateaux, lumière au bec pincé. Alger.

162. LAMPE, lumière au bec pincé posée sur un fùt partant d'un plateau.

163. LAMPE, deux plateaux reliés au fùt et à la lumière par une anse.

164. PETITE LAMPE, une partie du plateau est détruite. Ancienne fabrication. Provenance inconnue.

———

CERAMIQUE MAGREBINE

165. FRAGMENTS DE DÉCORATION. — Emaïl vert. Proviennent de la Kalaa des Himmadites. Faïence. XIᵉ Siècle. — *Don de M. Paul Blanchet.*

166. IMPORTANT FRAGMENT d'une mosaïque de revêtement. Décor jaune, vert et manganèse. Quatre polygones étoilés. Provient de la Medersa Tachfinïa, à Tlemcen. Faïence. XIVᵉ Siècle. Fabrique de Tlemcen.

167. FRAGMENT d'une mosaïque. Décor jaune, vert et manganèse. Partie d'un polygone étoilé. Même provenance que le nᵒ précédent. Faïence. XIVᵉ Siècle. Fabrique de Tlemcen.

168. FRAGMENT de mosaïque de pavement. Décor vert, chrôme et manganèse. Rectangles de couleur, séparés par des lignes blanches et reliés aux angles par de petites étoiles à huit pointes. Même provenance que les nᵒˢ précédents. Faïence. XIVᵉ Sièclo. Fabrication de Tlemcen.

169. CARREAU de revêtement. Vernissé vert. Inscription ornemanisée, caractères en relief: « ... et la guerre sainte ... ». Acquis à Alger en 1891. Provient des démolitions du quartier de la Kasbah. XVᵉ Siècle ? Faïence.

170. CARREAUX DE REVÊTEMENT. Décor estampé bleu, jaune et manganèse. Entrelacs à quatre pointes inscrits dans un cercle. Trouvé dans le cimetière de Bou-Médine, près de l'emplacement où

aurait été inhumé Sidi es Saïd. — Faïence.
XVIIe Siècle. Fabrication de Tlemcen.

171. Carreau de revêtement. Décor bleu et jaune,
cloisonné et serti d'une petite ligne en relief,
imitation de mosaïque dite « *carreau d'ongle* »
(Zelaïge defer). Trouvé à Bou-Médine, dans
l'ancien cimetière des sépultures royales. —
Faïence. XVIIe Siècle. Fabrication de Tlemcen.

172. Petit carreau de pavement. Décor jaune, bleu et
manganèse. Reproduction du décor ci-dessus.
Faïence. XVIIe Siècle. Fabrication magrebine.

173. Quatre carreaux de revêtement ou de pavement,
formant un polygone étoilé. Décor bleu, jaune
et manganèse. Faïence. XVIIe Siècle. Fabrication magrebine.

174. Carreau de pavement ou de revêtement. Décor bleu
et manganèse. Polygone étoilé. Imitation de
mosaïque. Faïence. XVIIe Siècle. Fabrication
magrebine.

175. Carreau de revêtement. Décor jaune et bleu. Une
croix inscrite dans un cercle. — Faïence.
XVIIIe Siècle. Fabrication magrebine.

176. Quatre grands carreaux de revêtement ou de
pavement. Décor bleu, jaune et vert. Au centre,
une étoile à huit pointes inscrites dans un cercle,
aux écoinçons des arabesques. Faïence. XVIIe
Siècle. Fabrication magrebine.

177. Carreau de revêtement ou de pavement. Décor bleu
et jaune. Polygone étoilé. Faïence. XVIIIe Siècle.
Fabrication magrebine.

178. Carreau de pavement ou de revêtement. Décor bleu,
jaune et manganèse. Polygone étoilé. Faïence.
XVIIIe Siècle. Fabrication magrebine.

179. QUATRE CARREAUX de revêtement ou de pavement, formant un polygone étoilé. Décor jaune, bleu et manganèse. Faïence. XVIIᵉ Siècle. Fabrication magrebine.

180. CARREAU de revêtement ou de pavement. Décor bleu, jaune et vert. Entrelacs curvilignes. — Faïence. XVIIIᵉ Siècle. Fabrication magrebine.

181. CARREAU de revêtement ou de pavement. Décor polygonal jaune, vert et manganèse. — Faïence. XVIIIᵉ Siècle. Fabrication magrebine.

182. CARREAU de revêtement ou de pavement. Imitation du carreau provenant de Bou-Medine (n° 166). Décor jaune, vert et manganèse. Entrelacs. Faïence. XVIIᵉ Siècle. Fabrication magrebine.

183. CARREAU de revêtement ou de pavement. Décor jaune, bleu et manganèse. Polygone étoilé. Faïence. XVIIIᵉ Siècle. Fabrication magrebine.

184. CARREAU de revêtement ou de pavement. Décor bleu et jaune. Polygone étoilé. Faïence. XVIIIᵉ Siècle. Fabrication magrebine.

185. CARREAU de revêtement ou de pavement. Décor bleu et jaune. Polygone étoilé. Faïence. XVIIIᵉ Siècle. Fabrication magrebine.

186. CARREAU de revêtement ou de pavement. Une étoile à seize pointes inscrite dans un cercle. Décor manganèse et jaune. Faïence. XVIIIᵉ Siècle. Fabrication magrebine.

187. CARREAU de pavement ou de revêtement. Décor losangé, jaune, bleu, manganèse. — Faïence. XVIIIᵉ Siècle. Fabrication magrebine.

188. CARREAU de pavement ou de revêtement. Décor bleu, jaune et manganèse. Polygone étoilé. Faïence. XVIIIᵉ Siècle. Fabrication magrebine.

CÉRAMIQUE MAROCAINE

189. PALETTE de décorateur en meubles. Décorée d'orne-
    ments différents pouvant servir de modèle. Terre
    cuite peinte. Fabrication marocaine.

190. VASE A LAIT avec bec d'expansion entre deux anses.
    Décor géométrique. Terre cuite peinte. Fabrica-
    tion marocaine.

191. VASE A LAIT. Décor polychrome de palmes. Terre
    cuite peinte. Fabrication marocaine.

192. PETIT BOL. Décor polychrome bleu et jaune. Coupe
    hémisphérique sur pied bas. Bande de cercles
    bordée d'un galon bleu ciel avec spires en réserve
    blanche. A l'intérieur les trois points de cuisson.
    Faïence. XVIᵉ Siècle. Fabrication marocaine.

193. BOL décor bleu, jaune, vert. Ellipses encadrées de
    traits curvilignes. Trois points de cuisson à l'inté-
    rieur. Faïence. XVIIIᵉ Siècle. Fabrication maro-
    caine.

194. GRAND BOL. Décor bleu, jaune, vert. Ellipses enca-
    drées de traits curvilignes. Trois points de cuisson
    à l'intérieur. Faïence. XVIIIᵉ Siècle. Fabrication
    marocaine.

195. BOL. Décor bleu, jaune et vert. Points rouges après
    cuisson. Faïence. Fabrication marocaine.

196. BOL. Décor bleu, jaune et vert. Points rouges après
    cuisson. Faïence. Fabrication marocaine.

197. Gargoulette. Décor bleu, jaune et vert. Points rouges après cuisson. Faïence. Fabrication marocaine.

198. Gargoulette à deux anses. Décor bleu, jaune et vert. Faïence. Fabrication marocaine.

199. Pot a eau avec anse. Décor bleu, jaune et vert. Points rouges après cuisson. Faïence. Fabrication marocaine.

200. Pot a eau avec anse. Décor bleu, jaune et vert. Points rouges après cuisson. Faïence. Fabrication marocaine.

201. Pot a eau. Décor bleu, jaune et vert. Points rouges après cuisson. Faïence. Fabrication marocaine.

202. Vase a eau. Décor vert et jaune. Points rouges après cuisson. Faïence. Fabrication marocaine.

203. Vase avec son couvercle, panse hémisphérique. Décor bleu, vert et jaune. Points rouges après cuisson. Faïence. Fabrication marocaine.

204. Vase en forme de potiche. Décor bleu, vert et jaune. Points rouges après cuisson. Faïence. Fabrication marocaine.

205. Vase en forme de potiche hémisphérique, avec son couvercle. Décor d'inspiration chinoise très caractérisée : semis bleu avec réserve en blanc d'un sceau de Salomon répété sur la panse. Anses en arc moresque accolées à la panse. XVIIIe Siècle. Faïence. Fabrication marocaine.

206. Plat. Décor bleu, jaune et vert. Points rouges après cuisson. Faïence. Fabrication marocaine.

207. Plat creux. Décor bleu. Points rouges après cuisson. Faïence. Fabrication marocaine.

208. PLAT CREUX. Décor bleu. Points rouges après cuisson. Faïence. Fabrication marocaine.

209. PLAT CREUX. Décor bleu. Points rouges après cuisson. Faïence. Fabrication marocaine.

210. PLAT. Décor géométrique, bleu, jaune et vert. Points rouges après cuisson. Faïence. Fabrication marocaine.

211. PETIT PLAT CREUX. Décor bleu, jaune et vert. Points rouges après cuisson. Faïence. Fabrication marocaine.

212. PETIT PLAT. Décor bleu, jaune et vert. Points rouges après cuisson. Faïence. Fabrication marocaine.

213. PETITE LAMPE sur plateau creux relié par l'anse au bec pincé de la lumière. Décor bleu, jaune et vert. Points rouges après cuisson. Faïence. Fabrication marocaine.

214. ENCRIER à plusieurs godets avec couvercle représentant une koubba. Décor bleu, jaune et vert. Points rouges après cuisson. Faïence. Fabrication marocaine.

215. ENCRIER en forme de koubba. Décor jaune, bleu, vert. Points rouges après cuisson. Faïence. Fabrication marocaine.

216. BRULE-PARFUMS. Décor bleu, jaune et vert. Points rouges après cuisson. Faïence. Fabrication marocaine.

217. BRULE-PARFUMS, couvercle mobile. Décor bleu, jaune et vert. Points rouges après cuisson. Faïence. Fabrication marocaine.

218. Mosaïque. Décor géométrique en jaune et manga-
nèse, lignes de séparation en blanc. Faïence.
Commencement du siècle. Provient du Dar-el-
Bey de Tunis. Fabrication marocaine.

CÉRAMIQUE HISPANO-MORESQUE

219. Grand Vase, forme pastèque à côtes alternées en
vert pastèque et bleu turquoise, séparées par une
gouttière en blanc; décor en creux. Trouvé en
1896 près du tombeau du Bar Chichet (Barchichat),
ancien cimetière israélite à Bab-el-Oued, dans la
même couche de terrain que des pierres tombales
du commencement du XVe Siècle. Faïence. XVe
Siècle. Fabrique de Palma de Majorque. — Au
moment de la découverte, des fanatiques bri-
sèrent ce vase pour en emporter des morceaux
comme reliques.

220. Vase, forme ovoïde. Trouvé en 1896 dans les fouilles
du rempart Bab-el-Oued, près du tombeau de
Barchichat. XVIe Siècle. Fabrication andalouse.

221. Quatre carreaux de revêtement formant un
polygone étoilé. Décor estampé en relief, bleu
turquoise et manganèse ; lignes de séparation
en blanc. Faïence. XVIe Siècle. Fabrique de
Malaga. — *Don de M. Stanislas Baron.*

222. Quatre carreaux de revêtement, décor estampé ;
lustre métallique cuivreux et bleu. Faïence.
XVIe Siècle. Fabrique de Valence. — *Don de M.
Stanislas Baron.*

223. DEUX CARREAUX de revêtement. Décor estampé
géométrique jaune, vert et manganèse. Faïence.
XVIe Siècle. Fabrique de Tolède. — *Don de M.
Stanislas Baron.*

224. QUATRE CARREAUX de revêtement. Décor estampé
bleu, vert et jaune, au centre, un pissenlit stylisé,
encadrement géométrique. Faïence. XVIIe Siècle.
Fabrication espagnole.

225. FRAGMENTS de terre cuite et de faïence, trouvés en
1896 près du tombeau de Barchichat, à Bab-el-
Oued. Fabrication andalouse ou magrebine du
XVe et du XVIe Siècle.

VERRERIE

226. FRAGMENT de verre remplissant les ajours d'un
Naqcha hadida de la Mosquée de la Kalaa des
Himmadites. — XIe Siècle. — *Don de M. Paul
Blanchet.*

EN USAGE DANS LES PAYS BARBARESQUES

227. FLACON A ESSENCE avec application d'émail. Forme
rectangulaire. Fabrication de Bohême. XVIIIe
Siècle.

228. FLACON A PARFUM, forme cylindrique. Verre taillé
et doré; sur l'une des faces le mot « Allah »
Fabrication de Bohême. XVIIIe Siècle.

229. VASE, forme sphérique écrasée et son couvercle.
Application d'or. Fabrication de Bohême.

230. VASE semblable au précédent.

231. PLAT A BARBE, application d'or. Fabrication de
Bohême. XVIIIe Siècle.

232. AIGUIÈRE, panse sphérique aplatie sur les côtés.
Verre taillé. Fabrique de Venise. XVIIIe Siècle.

D

TISSU, BRODERIE, CUIR

OBJETS DIVERS

1. ABANA, tapis kabyle à laine passée. Décor géométrique aux couleurs simples.

2. TAPIS, décor magrebin, point noué, rasé. Ancienne fabrication des Rirha (département de Constantine).

3. ZERBIA, tapis, décor arbitraire, géométrique, encadré de deux grecques superposées dans la longueur, et d'une grecque dans la hauteur. Fabrication des Rirha (département de Constantine).

4. GUETIF, tapis à longue laine, décor géométrique. Fabrication des Zibans.

5. ZERBIA. Décor géométrique, laine passée. El Kalaa.

6. GUETIF. Décor géométrique. Djebel Amour.

7. GUETIF. Décor inspiré des colorations de la prairie. Djebel Amour.

8. METRAH. Tapis à laine passée. Décor géométrique. Tlemcen.

9. NATTE D'ALFA broché de laine. Décor géométrique. Fabrication des Beni-Snous (Tlemcen).

10. NATTE D'ALFA semblable au n° 4.

11. TAPIS, décor représentant dans ses détails le plafond d'une chambre mauresque, avec caissons, cartouches et poutrelles. XVIIIe Siècle. Ancienne fabrication du Maroc.

12. TAPIS, décor dégénéré représentant un plafond. Fabrication récente. Maroc.

13. TAPIS semblable au n° 12.

14. KACHABIA, gandoura m'zabite. Tissu de laine. Grandes rayures bleues séparées par des bandes multicolores. Décor d'ornements géométriques.

15. DJELLAL, couverture de cheval. Tiaret.

16. HABEL, cordelière en poil de chameau. Fabrication algérienne.

17. HAJAR (fragment de), voile que portent les femmes tunisiennes et qui les couvre entièrement. Bandes jaunes, rouges, bleues, décorées de distance en distance de sceaux de Salomon et de Khammsa brochés. Fabrication tunisienne.

18. HAJAR (fragment de). Bandes de rouge saumon et de bleu. Décor géométrique tissé. XVIe Siècle. Soie. Tunis.

19. HAJAR (fragment de), bandes de soie en bleu et rouge saumon. Inspiration copte. Tunis.

20. HAJAR. Toile blanche décorée aux extrémités d'ornements polychromes brodés en soie où le jaune domine, de distance en distance application d'étoiles brodées en or et en argent sur velours. Maroc.

21. TISSU DE SOIE, fond orangé broché d'or et de soie verte. XVIIIe siècle. Fabrique de Brousse.

22. TISSU DE SOIE à rayures rouges et blanches, fleurettes brochées sur une rayure rouge posée sur un

broché de bâtons rompus. XVIIIᵉ siècle. Fabrique
de Brousse.

23. RIDEAU brodé. Simples traits de motifs décoratifs.
Travail algérien du milieu du siècle.

24. COUSSIN velours vert avec encadrement circulaire
de rinceaux brodés en or. Travail d'Alger.

25. COUSSIN cuir vert décoré en fer chaud. Travail
d'Alger.

26. COUSSIN velours gris, broderie d'or au centre. Travail d'Alger.

27. TIKAMIST, sorte de blouse des Touareg. Tissu de
coton, bandes rouges et noires alternées sur un
quadrillé blanc. Décor géométrique brodé en
rouge.

28. TIKAMIST, semblable au nᵒ 27, mais à raies bleues
et blanches alternées. Décor géométrique brodé
en blanc.

29. VESTE sans manches, soutachée de cordonnet jaune
sur fond blanc, rehaussé d'un cordonnet noir.
Décor d'inspiration orientale. Tunis.

30. HAÏTI, tenture d'intérieur, faite de draps de couleurs, découpés et appliqués sur une longueur
de drap d'environ huit mètres. Figuration d'une
arcature mauresque de seize arcs, dont celui de
milieu est plus orné. XVIIIᵉ siècle. Tunisie.

31. ETENDARD en forme de long pennon. Drap avec
application de draps de couleurs découpés représentant des arbres et des fleurs, imbrication figurant la terre, croissants renversés. XVIᵉ siècle.
Perse.

32. DEUX ETENDARDS rectangulaires, bandes de soie
provenant de Hajar. En usage dans les fantasias.
Tunisie.

33. DJEBIRA, sorte de gibecière. Au centre palme en cuir découpé, rehaussé de velours; rinceau en cuir découpé formant encadrement.

34. DJEBIRA, cuir teint en vert. Découpé et garni de paillon.

35. DJEBIRA, ornement central en cuir découpé et brodé en soie.

36. DJEBIRA (petite). Ornements en cuir découpé et brodé en soie.

37. DJEBIRA (petite). Cuir rouge brodé en soie.

38. FONTE pour deux pistolets, équipement de fantassin. Cuir rouge brodé d'argent.

39. CEINTURE avec deux petites cartouchières en cuir rouge brodé d'argent.

40. CARTOUCHIÈRE en cuir, décorée de broderie d'or et d'argent sur velours vert et bleu.

41. CARTOUCHIÈRE, dito.

42. CARTOUCHIÈRE, plaque de recouvrement, décorée d'une palme brodée d'or et d'argent et encadrée d'une bande de velours rouge brodée de fleurettes. M'sila.

43. CARTOUCHIÈRE en cuir rouge, décoré de broderies d'or appliquées sur velours.

44. CARTOUCHIÈRE Kabyle. Décor géométrique fait de petites lanières entrelacées en cuir de couleurs.

45. CARTOUCHIÈRE semblable au nᵒ 44.

46. CARTOUCHIÈRE Touareg, cuir gravé en fer chaud, décor géométrique.

47. Accessoires de selle, cuir rouge. M'sila.

48. Un côté de Bridon avec œillière. Cuir rouge et velours bleu brodé d'argent. M'sila.

49. Autre côté de Bridon semblable, en cuir rouge brodé d'or et d'argent.

50. Temag (bottes et souliers) en cuir rouge. Travail des Ouled Sidi ben Abdallah (Mostaganem).

50 *bis*. Dito des Ouled Madhi.

51. Rihia, paire de souliers de femme, brodés d'or. Fabrication algérienne.

52. Bechemak, paire de souliers de femme, brodés d'or. Fabrication algérienne.

53 à **56.** Souliers de femme. M'sila.

57 et **58.** Souliers de femme. Bou-Saâda.

59 et **60.** Souliers de femme. Tougourt.

61 et **62.** Souliers de femme. Tougourt.

63 et **64.** Souliers d'enfant. Fabrication algérienne.

65. Tableau représentant la jument Alborak et les pantoufles du Prophète qui sont à Médine. Tableau rapporté de Médine ou de la Mecque.

66 et **67.** Deux Miroirs *(M'raià)* encadrés d'une feuille d'argent découpée et posée sur des paillons bleus et rouges.

68. M'reb, petit miroir pour être attaché au haïk. Glace entourée de cuir rouge.

69. Narguilhé plaqué d'argent. Travail de Damas.

70 à **72.** Trois Montures d'éventails, manche argent repoussé, porte-plumes en velours brodé d'or. Travail de Bou-Saâda.

73. Soufflet couvert d'une applique de cuivre repoussé. Travail persan.

INSTRUMENTS DE MUSIQUE

74. Guesba, flûte en roseau.

75. Kanoune, sorte de cithare. Forme de trapèze rectangulaire. Bois incrusté de nacre. Table décorée
d'un ornement ajouré.

76. Rebeb, violon à deux cordes. Forme elliptique se
creusant; une partie est couverte d'un parchemin, l'autre partie d'une table de cuivre ajourée
de trois rosaces.

77. Rebeb, semblable au n° 76.

78. Kouitra, mandoline. La tablette décorée d'une
palme ajourée.

79. Kouitra, semblable au n° 78.

80. Gombri, guitare de forme barlongue. Bois recouvert d'un parchemin.

81. Gombri, guitare de forme triangulaire; quatre
cordes.

82. Gombri, formé d'une moitié de calebasse coupée
dans sa longueur.

83. Gombri, semblable au no 82.

84. Gombri, faite d'une moitié de noix de coco.

85. Gombri, de forme hémisphérique. Bois recouvert
de parchemin.

86. Petite Guitare.

87. Petite Guitare.

88. Derbouka, sorte de tambour recouvert d'un parchemin à l'une de ses extrémités; en forme de

gargoulette. Bois incrusté de nacre; décor sur le parchemin.

89. Derbouka, semblable au n° 15, mais en terre cuite.

90. Derbouka, forme de coupe sur un pied; terre cuite décorée de lignes bleues; ornements géométriques sur le parchemin.

91. Derbouka, forme de gargoulette; en terre peinte, ornements dorés; décor sur le parchemin.

92. Neguigrats, timbales en poterie, garnies de cuir rouge, reliées ensemble par une lanière de cuir.

93. Bendaïr ou Bender, tambour de basque.

94. Thar, tambour de basque décoré de deux roses peintes sur le parchemin.

95. Tobel, grosse caisse garnie de drap rouge.

96. Tobel, grosse caisse.

97. Kerakeub, castagnettes en fer.

98. Kerakeub, castagnettes en fer.

99. Sistre en fer.

MOULAGE

100. Moulage en platre de l'empreinte d'un corps qui avait été emmuré dans la construction du Fort des Vingt-Quatre Heures.

Ce plâtre était désigné à la Bibliothèque-Musée, où il a été exposé jusqu'en 1897, par l'inscription suivante:

Geronimo. — Plâtre original obtenu au moyen de l'empreinte laissée par son propre corps dans le bloc de pisé, où il fut jeté vif par les Turcs d'Alger, le 18 Septembre 1569, et trouvé le 27 Décembre 1853. — Moulé par Latour, sculpteur.

TABLE DES MATIÈRES

———◆◆———

نصر من الله وبشر المؤمنين

يا مفتح الأبواب افتح لنا خير الباب

Une assistance émanant de Dieu et une
victoire prochaine et réjouis les croyants
par cette bonne nouvelle.
O toi qui ouvres les portes donne pour
nous la meilleure porte.

(Palais de la Jénina).

www.ingramcontent.com/pod-product-compliance
Lightning Source LLC
Chambersburg PA
CBHW072044080426

42733CB00010B/1987